JN435029

외상후 스트레스장애의 쓰기노출치료

외상후 스트레스장애의 쓰기노출치료

정신건강
전문가를 위한
단기적
치료접근

Written Exposure Therapy

데니스 M. 슬로안, 브라이언 P. 마르크스 지음 | 윤지애, 최경숙 옮김

圖書出版 하나醫學社

Written Exposure Therapy for PTSD:
A Brief Treatment Approach for Mental Health Professionals

by Denise M. Sloan & Brian P. Marx

This work was originally published in English under the title
of Written Exposure Therapy for PTSD:
A Brief Treatment Approach for Mental Health Professionals as a publication of the
American Psychological Association in the United States of America.
Copyright © 2019 by the American Psychological Association(APA).

The Work has been translated and republished in the Korean Language
by permission of the APA.
This translation cannot be republished or reproduced by any third party in any
distributed in any form or by any means or stored in any database or retrieval system
without prior permission of the APA.

Copyright © 2022 by the Hana Medical Publishing Co.

이 책의 한국어판 저작권은 에이전시 원을 통해 저작권자와 독점 계약으로
하나의학사에 있습니다. 저작권법에 따라 한국 내에서 보호를 받는 저작물이므로
무단 전재와 무단 복제를 금합니다.

추천의 글

외상후 스트레스장애Posttraumatic stress disorder[PTSD]에 대한 근거기반 치료의 가용성은 지난 20년 동안 극적으로 변화하였는데, 부분적으로는 이라크와 아프가니스탄의 전쟁으로부터 복귀한 군인 및 퇴역 군인에 대한 치료를 확대하기 위한 대규모 자금 할당으로 인한 것이었다. 현재 미국의 재향 군인들은 과거 세대들이 이용할 수 없었던 서비스를 일상적으로 받고 있다. 보훈Veterans Affairs[VA]시설 전반에 걸쳐 균일하게 보급되도록 의무화된 두 가지 트라우마 초점 정신치료, 즉 지속노출치료Prolonged exposure[PE]와 인지처리치료Cognitive processing therapy[CPT]가 미국에서는 지배적인 치료법이 되었다. 무작위 임상시험을 포함한 연구자금도 확대되었으며, 이러한 전쟁이 시작된 이후 미국 보훈처와 국방부는 「PTSD에 대한 임상진료지침」에 대해서도 세 가지 개정판(2004년, 2009년, 2017년)을 발간하였다.

국제적으로 임상실무에 유용한 미국 보훈처/국방부 「임상진료지침」에서 가장 눈에 띄는 변화는 약물, 특히 세로토닌 재흡수 표적 약물이 PTSD의 1차 치료를 위한 트라우마 초점 정신치료와 더 이상 동등하

이 글은 미국 정부 직원이 공식 업무의 일부로 작성했으며, 공공 영역 내에 있는 것으로 간주된다. 여기에 표현된 그 어떤 견해도 미국 정부의 견해를 대변하는 것은 아니며, 저자의 작업 참여가 공식적 지지를 의미하는 것은 아니다.

게 간주되지 않는다는 것이다. 근거에 대한 검토 결과는 개별 트라우마 초점치료가 약물치료보다 효과의 크기가 더 크고 오래 지속됨을 시사하였다.

트라우마 초점치료의 가용성이 높아진 것은 트라우마의 여파로 고통받는 현직 군인, 퇴역 군인 및 일반 시민에게는 희소식이지만, 전반적인 진전이 수년간의 노력 끝에 기대하는 것만큼 장밋빛이 아닌 것이 현실이다. PE, CPT 및 대부분의 기타 근거기반 트라우마 초점치료를 사용한 현재 임상치료는 근본적으로 12회 이상 50분에서 90분 회기에 걸친 동일한 핵심 구성요소를 포함한다. 이는 주로 각 치료가 특정한 방식으로 트라우마 이야기, 내러티브narrative에 내담자를 반복적으로 노출시키고 인지를 재구성하거나 의미를 찾는 데 있다. 이러한 이용 가능한 치료법의 효과는 여러 요인으로 인해 수년 동안 개선되지 않았는데, 그 중 가장 중요한 이유는 서비스가 가장 필요한 사람들의 매우 높은 치료 미완율과 결합된 낮은 참여율 때문이다. 더 효율적이면서도 환자의 만족도를 높일 수 있는 효과적인 접근 방식이 오랫동안 시급히 요구되어 왔다.

이 책의 주제이자 PTSD에 대한 전통적인 트라우마 초점 정신치료에서 가장 흥미로운 발전 중 하나인 쓰기노출치료Written Exposure Therapy[WET]에 대해 알아보자. WET는 노출치료의 최소 유효 용량, 여러 뉘앙스를 가진 최적의 전달방법 및 유효성 기전(궁극적으로 우수한 WET vs CTP의 무작위 맞대응 비열등성 시험)과 같은 영역을 탐구한 15년 이상의 점진적인 과학 연구의 산물이다. 많은 과학적 발견과 마찬가지로 이 발견은 놀라웠고, 심지어 주 연구자들인 이 책의 저자들조차도 놀랄 만한 것이었다.

비열등성noninferiority은 연구에서 두 가지 치료법의 동등성에 대한 합리적인 확신을 제공하기 위해 통계적으로 검증되는 임상시험설계를 일컫는 기술적 용어다. 연구에 따르면 WET는 치료 후 1년 동안 결과가 유지되는 우울증상뿐만 아니라 임상가 평가 및 자기보고식 평가 모두에 근거한 PTSD에 대한 효과에서 CPT보다 실제로 "열등하지 않다". 그러나, 가장 놀라운 것은 그 결과가 치료자가 쓰던 시간의 약 10분의 1로 달성되었다는 것이다. CPT는 매주 1시간씩 진행되는 12개의 개별 대면 임상회기를 필요로 하는 반면, WET는 5개 회기에서 동일한 결과를 얻었으며, 각 회기에는 약 20분의 대면요법과 트라우마 경험에 대한 30분의 쓰기(임상환경에서 환자 혼자 남겨진 채)가 포함되어 있다. 또한 놀라운 것은 WET 참가자의 치료 중도 탈락률이 CPT 집단에 비해 현저하게 낮았다는 점이다(6% vs 40%).

따라서 WET는 "비열등성" 그 이상이다. 이것은 PTSD 치료에서 가장 일반적으로 사용되는 근거기반 트라우마 초점치료보다 환자의 만족도가 상당히 높으면서도, 포기율이 낮고, 동등한 효과를 제공하는 잠재적인 게임 체인저다. 더욱이 WET는 WET 및 기타 쓰기노출치료 접근법(CPT의 분해 연구dismantling study 포함)을 포함하는 임상시험에 기초한 2017 미국 보훈처/국방부 「임상진료지침」의 최고 치료권장사항에 이미 포함되어 있다. 따라서 WET는 CPT, PE 및 기타 트라우마 초점치료와 동등하게 완전한 근거기반치료로 간주될 수 있다. 또한 WET는 면허가 있는 정신건강 전문가가 매뉴얼을 읽고 이해하자마자 편안하게 전달할 수 있는 독특하고 간단한 "기성품" 치료법이다.

이 매뉴얼은 환자가 진료실을 뛰쳐나가는 일을 초래하지 않는 효과적이고 시간 효율적인 트라우마 초점치료의 긴급한 요구를 충족한다. 추가 교육이나 인증이 필요하지 않은 WET의 비독점적 특성은 정신건강클리닉과 어쩌면 적절한 정신건강 협진을 포함한 1차 진료와 같은 기타 환경에도 광범위한 보급을 가능하게 만든다. 이러한 모든 이유로 인해, 이 획기적인 책은 의심할 여지없이 PTSD 환자를 치료하는 정신건강 전문가들의 필수도서가 될 것이다.

찰스 W. 호지, MD
월터리드(Walter Reed) 육군연구소
메릴랜드주 실버 스프링

역자 서문

쓰기노출치료[WET]는 다른 인지행동치료에 비해 고도로 구조화된 비교적 간결한 트라우마 노출치료법으로, 치료에 대한 치료자 장벽이 상대적으로 낮은 편이다. 개발자인 슬로안Sloan과 마르크스Marx는 표현적 쓰기법에 대한 관심으로 시작하여 WET를 개발하였다. 그들은 잘 훈련된 정신건강전문가라면 누구나 WET를 사용하여 PTSD 환자를 치료할 수 있도록 의도하였다. WET의 심리교육은 다른 트라우마 초점치료에서 다루었던 내용과 거의 다르지 않으며, 쓰기 지침은 쓰여진 스크립트 그대로 환자에게 읽어주면 된다. 또한 환자의 트라우마 내러티브를 검토할 타이밍을 스스로 조절할 수 있어 치료자가 받는 이차 노출 시점을 조절할 수 있게 된다. WET는 기존의 트라우마 초점치료에 비해 치료 효과가 열등하지 않고, 치료중단율도 현저하게 낮은 것은 매우 고무적이다. 역자들이 우리나라의 PTSD 환자에게 WET를 적용했을 때에도 유사한 결과를 나타냈다. 2021년에 발표된 예비연구(Park et al., 2021)에서는 WET 시행 후 24주째 추적관찰 했을 때, 77%의 환자가 호전을 보였으며 치료중단율은 8%였다. 머잖아 발표될 연구에서는 대기자군 비교연구에서 PTSD증상, 우울증상, 전반적 기능에 대한 WET의 효과를 확인하였으며, 전체 치료중단율은 10.7%였다. 이러한 WET의 장점들은 우리나라 의료시스템 내에서도 현실적으로 시도해볼 만하게 한다.

그러나 WET를 시행하면서 겪었던 임상가로서의 어려움은 WET

프로토콜에 즉, 이 책 안에 있지 않다. 이 책을 읽으면 WET가 너무나 도 쉽다고 여기게 될 수도 있다. WET 프로토콜은 매우 간결하고 치료자와 환자 모두에게 시행하기 쉽다는 장점을 내세우고 있지만, 여전히 모든 트라우마 초점치료 및 PTSD환자를 다룰 때 요구되는 특별히 고려해야 할 점을 똑같이 가지고 있다. 첫째, 정확한 PTSD의 진단이 필요하다. WET는 자연회복이 되지 않은 트라우마 반응을 줄이는 데 검증된 치료법이다. 현재 환자가 겪는 어려움의 상당 부분이 WET의 목표 증상이 되는지, 그래서 WET 시행 후 트라우마 반응이 줄어든다면 환자의 일상이 향상될 수 있을지 잘 살펴보아야 한다. 둘째, 트라우마 노출치료는 환자에게 매우 힘든 치료이며, WET도 마찬가지이다. 트라우마 노출로 인해 발생할 수 있는 일시적인 증상 악화를, 호전을 위한 일보 후퇴로써 잘 감내하고 안전하게 치료를 진행할 수 있을지에 대한 평가가 필수적이다. 환자가 취약하다면 여러 검증된 기법을 사용하여 안전감과 안정감을 스스로 찾을 수 있도록 해야 하며, 이를 보완할 수 있는 지지체계가 있는지, 없다면 의료시스템을 포함한 다른 도움을 받을 수 있는 자원이 있는지 함께 탐색해야 한다. 이런 노력은 WET를 안전하게 그리고 효과적으로 마칠 수 있게 한다. 그렇기 때문에 WET가 간결하고 사용하기 쉬운 프로토콜을 가지고 있다 하여도 수행할 때는 여전히 기존 트라우마 초점치료에 준하는 정신건강전문가의 전문성을 요구한다. WET는 치료자의 에너지가 덜 들어가기 때문에, 시행하기 전 환자를 정확히 평가하는 데에 더 많이 쓰일 수 있어야 한다. 이것은 기존 트라우마 초점치료를 능가하는 WET의 장점으로 발휘될 수 있을 것이다.

PTSD 환자를 만날 때 종종 약물치료의 한계를 느끼곤 하는데, 그들을 위해 도울 수 있는 현실적으로 적용할 만한 효과적인 무기를 가지게 된 것을 정말 다행스럽게 생각한다. 아마도 환자마다 WET로부터 받는 이득의 양은 다를 것이지만, 한 가지 분명히 말할 수 있는 것은 WET를 준비하고 시행하는 과정 속에서 환자에게 연결감을 줄 수 있는 강력한 도구임은 분명하다는 것이다. 마지막으로, 정신건강전문가로서 WET를 통해 트라우마 경험을 극복해내고 다시 일상으로 복귀하는 환자들로부터 많이 배우게 되고, 도리어 힘을 얻기도 하는 경험을 매우 감사하게 생각한다.

목차

추천의 글 5
역자 서문 9
서론 15

1. PTSD 및 트라우마 초점 중재의 개요 21

2. 쓰기노출치료의 개발 및 효과에 대한 연구 결과 37

3. 쓰기노출치료를 시작하기 전 PTSD 평가 61

4. 쓰기노출치료의 진행과 특별히 고려할 점들 77

5. 쓰기노출치료 시행에 대한 자주 묻는 질문들 107

6. 사례 예시 119

부록 | 쓰기노출치료 스크립트 145
감사의 말 157
참고문헌 159

일러두기

- 본 책의 1장~3장은 최경숙, 4장~6장은 윤지애가 번역하였다. 정확한 번역을 위해 여러 번 검토하였고, 역자 간의 협의를 통해 글의 완성도를 높였다.

서론

매년 수백만 명의 사람이 가정, 직장, 전쟁터에서 트라우마에 노출되고 그 여파로 고통받고 있다. 지속노출[PE], 인지처리치료[CPT], 안구운동 민감소실 및 재처리요법Eye-movement desensitization and reprocessing[EMDR]을 포함한 PTSD 치료는 효과적이지만, 이러한 치료를 제공하는 치료자를 찾을 수 없거나, 치료자가 환자 근처에 살지 않거나, 직장을 쉬고 있거나, 다른 의무로 인해 시간을 할애할 수 없거나, 1시간씩 10~15회 치료 회기에 대한 비용을 지불할 여유가 없어서 치료에 접근하지 못한다. 또한 임상가 역시 이러한 치료법을 환자에게 능숙하게 제공할 능력을 저해하는 장벽에 직면한다. 예를 들어, 앞서 언급한 PTSD 치료를 효과적으로 수행하는 방법(예: 며칠에 걸친 워크숍 참석, 이후 치료자가 치료 역량을 보일 때까지 면밀한 지도감독)을 배우려면 상당한 훈련이 필요하다. 필요한 교육 및 인증을 취득하더라도 임상가는 경쟁적인 임상 요구와 제한된 인력 자원 때문에 이러한 치료법을 상용할 수 없는 경우가 많다. 내담자와 치료자 모두에게 존재하는 장벽은 간략하고 광범위한 치료자

---

http://dx.doi.org/10.1037/0000139-001
Written Exposure Therapy for PTSD: A Brief Treatment Approach for Mental Health Professionals, by D. M. Sloan and B. P. Marx
Copyright © 2019 by the American Psychological Association. All rights reserved.

교육이 필요하지 않은 대안적 PTSD 치료법을 찾아내야 할 필요성을 강조한다. 다시 말해 우리에게는 치료자와 내담자 모두에게 보다 광범위하게 접근할 수 있는 PTSD 치료법이 필요하다.

쓰기노출치료Written exposure therapy[WET]는 이러한 요구를 충족시키기 위해 개발한 간단한 5회기 치료다. WET는 비용 효율적이며, 다른 중재에 비해 임상훈련이 거의 필요하지 않고, 다양한 유형의 트라우마 치료에 효과적인 것으로 입증되었다. 우리는 WET가 PTSD의 가장 유망한 새로운 치료법 중 하나라고 믿는다. 내담자에게 이 치료법을 사용하고자 하는 임상가들로부터 받은 많은 요청에 대한 응답으로, 우리는 이 책을 정신건강 종사자(전문가)를 위한 포괄적인 WET 치료 매뉴얼로 작성하였다.

WET의 개요

WET의 첫 번째 회기는 약 1시간 소요되며, 이후 4번의 회기에는 각각 약 40분이 소요된다. WET의 핵심 특징은 내담자가 각 5번의 회기 동안 수행하는 '트라우마에 대한 쓰기'다. WET 프로토콜의 첫 번째 회기는 임상가가 PTSD가 무엇인지, PTSD가 어떻게 발전하는지, 트라우마 경험에 대해 특정 방식으로 반복적으로 쓰는 것이 왜 유익한지를 설명하는 데 시간이 걸리기 때문에 다른 회기보다 더 길다. 트라우마 내러티브 쓰기 동안 내담자는 특정 트라우마 사건에 대해 매우 상세하게 쓰며, 그 사건 동안 경험했던 감정과 생각을 기술한다. 쓰기 지침은 내담자가 매우 일관된 방식으로 치료받을 수 있도록 스크립트로 작성되어 있다.

쓰기 지침은 초기 회기에서 트라우마 경험에 대한 자세한 설명을 쓰는 것으로 시작하고, 이후 회기에서 그 사건이 자신의 삶에 미친 영향을 서술하는 것으로 쓰기 회기 과정을 점진적으로 진행한다. 내담자는 매 회기마다 30분 동안 자신의 트라우마 경험에 대해 쓴다. 그러고 나서, 치료자는 트라우마 사건에 대해 쓴 경험에 대해(트라우마 사건 자체에 대한 것이 아님) 내담자와 10분 확인면담시간(10-minitue check-in)을 갖는다. 회기 사이에 과제는 주어지지 않는다. 회기 사이에 과제가 없다는 점, 회기 수, 소요시간의 측면에서 생기는 치료의 간결성은 내담자가 잘 견디고 치료자는 수행하기 쉬운 효율적인 치료가 이루어지도록 돕는다.

2장에서 설명하겠지만 우리는 다양한 성인 트라우마 생존자(예: 성폭력, 신체적 폭행, 아동 학대, 전투)를 대상으로 연구를 수행했으며, 이러한 연구는 WET가 PTSD에 효과적인 치료법임을 보여준다. 이 치료가 하나의 특정 사건에 대한 쓰기에 초점을 맞추고 있지만, 여러 개의 또는 만성적인 트라우마(예: 아동 학대, 군사 전투)를 경험한 사람도 WET로 성공적으로 치료할 수 있다. WET는 18세 미만의 개인을 대상으로는 검증되지 않았으므로 성인에게만 사용할 것을 권장한다. 지금까지 WET의 효과를 입증하는 증거를 바탕으로, 현재 미국 보훈처 및 국방부의 「PTSD 임상진료지침」(Management of Posttraumatic Stress Disorder Work Group, 2017)에서 WET를 1차 치료법으로 권고하고 있다. 지금까지 WET로 수행된 모든 임상시험에서 제공자들은 임상심리학 석사 또는 박사 수준의 교육을 받았을 뿐만 아니라 다른 트라우마 초점치료에 대한 경험을 가지고 있었다. 결과적으로 우리는 이 책이 트라우마 초점치료를 이미 사용하면서 배경지식을 가진 제공자에게 가장 유용할 것이라고 믿는다.

이 책을 사용하는 방법

우리는 다양한 교육 및 훈련 배경을 가진 정신건강 치료 제공자가 이 책을 사용할 것이라는 점을 안다. 따라서 PTSD 진단의 개요와 PTSD 평가에 대한 간략한 안내서(가이드)를 제공하는 장을 책의 시작부에 포함시켰다. 1장에서는 현재 사용 가능한 근거기반 PTSD 정신치료의 기초가 되는 현대이론들을 설명하고, 이러한 접근 방식의 공통 요소를 강조하고, 그 이론들이 WET에 어떻게 적용되는지를 설명한다. 2장에서는 PTSD 치료의 필수적이고 충분한 구성요소들을 더 잘 이해하기 위해 수행했던 연구와 WET 프로토콜 개발을 어떻게 마무리했는지 기술하였다. 우리는 이러한 WET의 개발 배경에 대한 정보가 치료의 특정 부분이 변경되어서는 안 되는 이유에 대해 독자가 더 잘 이해하는 데 도움이 될 것이라고 믿는다. 이 장에서는 WET가 PTSD 치료에 효과적이라는 것을 입증하는 선행 연구 결과도 설명한다.

3장은 환자가 PTSD를 가지고 있는지 평가하고 WET가 적절한 치료법인지 여부를 결정하는 데 중점을 둔다. 3장에서는 PTSD 증상을 평가할 수 있는 방법과 다른 정신건강 문제를 평가하는 방법에 대한 실질적인 정보를 제공한다. 또한 내담자가 PTSD 증상을 가지고 있으나 진단 기준을 완전히 충족하지 못할 경우 WET 사용에 관한 논의도 한다. WET가 PTSD 증상의 바람직한 감소를 달성하는지 평가하기 위해 치료 과정 동안 평가를 계속 수행하는 방법과 추가 치료(WET 또는 다른 중재)가 필요한지 여부를 결정하기 위해 치료 종료 시 평가를 이용하는 방법도 3장에서 설명한다.

4장에서는 WET 프로토콜과 이를 전달하는 방법에 대해 포괄적으로 설명한다. 여기에는 내담자에게 그대로 읽어줘야 하는 회기별 지침이 포함되어 있다. 이 지침은 책의 끝에 수록된 부록에도 제시되어 있어 임상가가 사본을 만들어 회기 중에 내담자에게 나눠줄 수 있다. 4장 내내 임상가가 치료를 실행할 때 발생할 수 있는 다양한 문제를 어떻게 처리해야 하는지에 대해 논의한다. 또한 쓰기 회기가 끝날 때 임상가가 확인면담 과정에 어떻게 접근해야 하는지 예시를 제공한다. 5장은 WET의 사용 및 전달과 관련하여 임상가가 자주 묻는 질문에 대한 답변이다. 책의 마지막 장인 6장에서는 WET 프로토콜의 원칙과 잠재적인 결과를 보여주는 다양한 사례를 제시한다. 이러한 사례는 특정 내담자 시나리오를 관리하는 방법에 대해 임상가로부터 가장 자주 받는 질문 중 일부를 다루고 있다(예: 여러 가지 트라우마를 경험한 내담자, 해리를 경험한 내담자 및 트라우마 기억과 대면하기를 매우 꺼리는 내담자를 대상으로 무엇을 해야 하는지에 대한 것).

비록 이 책은 정신건강 치료 제공자를 위한 WET 지침서로 작성되었지만, 트라우마 생존자의 치료에 대해 더 많이 배우고자 하는 심리학 및 사회복지 분야의 대학원생을 위한 자료로도 사용될 수 있다. WET가 정신건강 비전문가(예: 동료 상담자)에 의해 성공적으로 구현될 수 있는지 여부를 조사한 연구는 없기 때문에 이 책은 트라우마 생존자를 위한 자조self-help 자료로 사용하려고 의도되지도 않았고, 보조전문가paraprofessionals를 위한 치료 매뉴얼로 의도되지도 않았다. 심리학자의 윤리 원칙 및 행동 강령(American Psychological Association, 2017)의 두 번째section 2 권한Competence 부분에 합당하게, 적절한 경험과 훈련을 받은 인가된 정신건강 치료 제공자만 WET를 사용해야 한다. 우리는 독자들이 이 책과 이 책에서 설명하는 도구가 트라우마 생존자를 대상으로 하는 임상업무에 유용하기를 바란다. 또한 이 책이 치료를 원하지만 치료를 받는 데 어려움을 겪는 PTSD를 앓는 많은 트라우마 생존자들을 도울 수 있는 효율적인 PTSD 치료에 대한 보급과 환자의 접근을 증가시키기를 바란다.

1 PTSD 및 트라우마 초점 중재의 개요

대부분의 사람이 일생 동안 적어도 한 번 이상의 트라우마 사건을 경험하지만(Goldstein et al., 2016), 그중 소수만이 외상후 스트레스장애[PTSD]를 겪는다(Breslau, Davis, Andreski, & Peterson, 1991; Kessler et al., 2005). 이 장애는 일부 사람들에게 발생할 위험이 높은 것으로 보인다. 예를 들어 트라우마 사건에 반복적으로 노출되면 PTSD의 발생 위험이 증가하며(Kessler et al., 2005), 여성은 평생 PTSD 진단을 받을 확률이 남성보다 2배 이상 높다(Seedat et al., 2009). 전투 지역에 배치된 군인 중에서는 약 1/4에서 PTSD가 발생한다(Fulton et al., 2015).

비록 비교적 적은 비율의 사람들이 PTSD에 걸리지만, 이 장애는 만성적인 경향이 있고, 심장병, 제2형 당뇨병 및 위장장애처럼 심신을 쇠약하게 하는 신체적 질병과도 관련되는 경향을 보인다(Schnurr & Green, 2004). 또한 PTSD는 노화의 가속화나 조기 사망과도 관련이 있

---

http://dx.doi.org/10.1037/0000139-002
Written Exposure Therapy for PTSD: A Brief Treatment Approach for Mental Health Professionals, by D. M. Sloan and B. P. Marx
Copyright © 2019 by the American Psychological Association. All rights reserved.

다(Wolf & Schnurr, 2016). 이러한 신체적인 문제의 결과로, PTSD를 앓는 사람들은 의료기관 방문 횟수가 많다(Spottswood, Davydow, & Huang, 2017). 또한 PTSD를 앓는 사람들은 일반 사람보다 기분장애, 불안장애 및 물질사용장애를 진단받을 가능성이 더 높다(Goldstein et al., 2016; Pietrzak, Goldstein, Southwick, & Grant, 2011). PTSD에서는 종종 이러한 이차적인 장애가 발생한다. 경계성 인격장애 같은 성격장애도 PTSD와 동반이환의 확률이 높다(Pagura et al., 2010). 특히, 자살 위험은 PTSD가 있는 사람들 사이에서 현저하게 증가하는데(Pietrzak et al., 2011; Wisco et al., 2014), PTSD를 가진 사람들은 다른 정신장애를 가진 사람들보다 자살로 사망할 가능성이 6배나 더 높다(Bachynski et al., 2012).

만성적이며 쇠약하게 만드는 PTSD의 특성을 고려해 볼 때, 이 장애가 사회적, 교육적, 직업적 기능에 상당한 영향을 미치는 것은 놀라운 점이 아니다. 재경험 증상, 수면장애 및 집중력 문제가 정규적인 일을 수행하기 어렵게 만들기 때문에, PTSD가 있는 사람들이 직장을 잃는 일은 드물지 않다. 그로 인한 재정적 문제는 추가적인 스트레스 요인이 되고, 노숙자가 되는 것과 마찬가지인 극심한 어려움을 초래하는 요인이 될 수 있다. 사회적인 관계에도 부정적인 영향을 끼쳐 잠재적인 사회적 고립을 초래한다. 가족 내 문제로 고착화돼 중요한 관계의 상실을 일으키는 것도 드문 일이 아니다.

PTSD 진단 기준

미국 정신의학회의 『정신장애 진단 및 통계 매뉴얼 제5판』(DSM-5;

American Psychiatric Association, 2013)에서 PTSD는 이제 자체 진단 범주인 트라우마 및 스트레스 관련 장애Trauma and Stress-Related Disorders에 포함된다. PTSD 진단 기준에는 다음과 같은 몇 가지 구성요소가 포함된다.

- **기준 A**: 개인이 실제 또는 위협적인 죽음, 심각한 부상 또는 성폭력에 직접 또는 간접적으로 노출되는 것과 같은 스트레스 요인 기준
- **기준 B**: 원치 않는 반복적인 기억, 악몽, 플래시백, 트라우마를 상기시키는 상황에 직면했을 때 일어나는 생리적 반응 및 심리적 고통이 특징인 침습증상
- **기준 C**: 개인에게 트라우마 사건을 상기시키는 자극(사람, 장소, 인지 포함)에 대한 회피
- **기준 D**: 다음과 같은 인지 및 기분의 부정적인 변화의 특징. 타인 또는 세상에 대한 지속적이고 과도한 부정적인 믿음, 트라우마 사건의 원인이나 결과에 대한 왜곡된 인지, 지속적인 부정적 감정 상태, 중요한 활동에 대한 관심 또는 참여 상실, 다른 사람과 분리되거나 소원해짐
- **기준 E**: 과민하거나 격앙된 행동, 집중력장애, 수면장애, 과장된 놀람 반응, 과다경계와 같은 각성과 반응성의 현저한 변화가 특징

PTSD 진단을 받으려면, 기준 A의 스트레스 요인 기준의 정의를 충족하는 사건을 경험해야 하며, 기준 B의 증상을 최소한 하나 이상, 기준 C의 증상을 최소한 하나 이상, 기준 D의 증상을 최소 두 개 이상, 그리고 기준 E의 증상을 최소 두 개 이상 경험해야 한다. 증상은 1개월 이상 지속

되어야 하고, 임상적으로 심각한 고통이나 손상을 초래해야 하며, 이것이 약물, 물질의 사용 또는 다른 의학적 상태로 인한 것이 아니어야 한다.

최근 「국제질병분류 11판」[ICD-11](World Health Organization, 2018)에 별도의 PTSD 진단 기준이 포함되었다. DSM-5와 마찬가지로 ICD-11에서 PTSD는 극도로 위협적이거나 끔찍한 사건 또는 일련의 사건에 노출된 후에만 진단될 수 있다. 그러나 DSM-5와 달리 ICD-11의 PTSD 기준에는 다음과 같은 기준만 포함된다.

- 두려움 또는 공포와 강렬한 육체적 감각처럼 강하고 압도적인 감정 또는 트라우마 사건 동안 경험한 것과 같은 강렬한 감정에 압도되거나 몰두되는 감정을 전형적으로 동반하는 생생한 침습적 기억, 플래시백 또는 악몽의 형태로 겪는 재경험 증상
- 사건들 또는 그 사건에 대한 생각과 기억을 회피하거나, 사건들 또는 그 사건을 연상시키는 활동, 상황, 또는 사람에 대한 회피
- 과잉경계 또는 예상치 못한 소음과 같은 자극에 대한 강화된 놀람 반응으로 나타나는 현재 위협에 대한 고조된 지속적인 인식

DSM-5와 마찬가지로 증상은 최소한 몇 주 동안 지속되어야 하며, 기능에 심각한 손상을 초래해야 한다.

DSM-5와 달리 ICD-11은 복합 PTSDComplex PTSD의 진단 내용도 포함한다. 복합 PTSD는 극도로 위협적이거나 끔찍한 형태의 사건, 가장 흔하게는 탈출이 어렵거나 불가능한 상황이 장기간 지속되거나 반복적인 사건(예: 고문, 노예생활, 집단 학살 작전, 장기간의 가정 폭력, 반복적인 아동기 성적 또는 신체적 학대)에 노출된 후에 발생한다고 생각된다. 이

장애는 ICD-11의 PTSD 증상을 특징으로 하지만 트라우마 사건과 관련된 정서 조절에 심각하고 만연한 문제를 겪는 상태를 포함하며, 관계 유지 및 다른 사람과의 친밀감 유지에 지속적인 어려움을 겪는 상태를 포함한다. 이 장애는 개인, 가족, 사회, 교육, 직업 또는 기타 중요한 기능 영역에 심각한 손상을 초래한다.

사용되는 진단분류체계와 관계없이 PTSD는 일반적으로 널리 퍼져 있으며, 사람을 쇠약하게 만드는 질병이다. 다행히도 우리는 인지행동치료, 즉 트라우마 초점치료의 효과를 강력한 증거로 입증하며, PTSD에 효과적인 정신치료법 개발에 엄청난 진전을 이루었다. 이 장의 다음 절에서는 이러한 치료법을 간략히 검토하고, 일반적인 특징을 설명하며, 이러한 특징이 WET에 어떻게 나타나는지에 대해 논의할 것이다.

PTSD 및 중요 치료요소에 대한 근거기반 심리치료

최근에 PTSD 환자 치료를 위한 두 가지의 「임상진료지침」이 발표되었다. 두 지침 모두 PTSD 정신치료에 대한 가장 최근의 경험적 연구를 검토하고, 그에 따라 권장안을 제시하였다. 미국 심리학회American Psychological Association가 발행한 2017년 지침에서는 PTSD로 진단받은 성인에게 다음과 같은 정신요법을 사용할 것을 강력히 권고하고 있다. 인지행동치료(Bryant et al., 2011), 인지처리치료(CPT; Resick, Monson, & Chard, 2016), 인지치료(Ehlers, Clark, Hackmann, McManus, & Fennell, 2005), 지속노출치료(PE; Foa, Hembree, & Rothbaum, 2007). 단기절충정신치료(Gersons, Carlier, Lamberts, & van der Kolk, 2000; Lindauer et al., 2005), 안구

운동 민감소실 및 재처리요법(EMDR; Shapiro, 1989), 내러티브 노출치료(Ertl, Pfeiffer, Schauer, Elbert, & Neuner, 2011; Stenmark, Catani, Neuner, Elbert, & Holen, 2013)도 권장되지만 덜 강력하다.

최근 미국 보훈처와 국방부에서 업데이트한 「임상진료지침」(Management of Posttraumatic Stress Disorder Work Group, 2017)은 트라우마 경험의 처리를 용이하게 하기 위해 노출 및 인지 재구성의 주요 구성요소가 포함된 개별적이고 매뉴얼화된 트라우마 초점 정신치료를 권고한다. 권장되는 트라우마 초점 접근법에는 PE, CPT, EMDR, PTSD에 대한 특정 인지행동치료(Blanchard et al., 2003; Bryant et al., 2008; Ehlers, Mayou, & Bryant, 2003; Ehlers et al., 2014; Kubany et al., 2004; Watson & Marks, 1971), 단기절충정신치료, 내러티브 노출치료 및 쓰기내러티브 노출이 포함된다. 쓰기내러티브 노출치료에는 WET를 포함한 몇 가지 치료 프로토콜이 포함된다.

비록 두 지침 사이에는 약간의 차이가 있지만, 특히 특정 치료법이 권장되는 강도에서 상당한 중복이 있다. 이러한 치료법 중 다수는 PTSD 증상의 성공적인 치료를 담당하는 것으로 생각되는 두 가지 중요 요소, 즉 치료적 노출과 인지 처리/인지 재구성을 공유한다(예: Lee, Taylor, & Drummond, 2006; McLean, Su, & Foa, 2015; Resick et al., 2016; Sloan & Marx, 2017).

치료적 노출

치료적 노출을 하는 동안 내담자는 트라우마 상기 요인reminders과 관련된 임상적으로 유의한 고통을 더 이상 경험하지 않을 때까지 내부(예:

기억, 감각) 또는 외부(예: 상황별) 트라우마 상기 요인에 반복적으로 직면한다. 수년 동안 지배적이었던 가정은 치료 회기 동안과 치료 기간 사이에 트라우마를 상기시키는 요소에 대한 반복적 직면이 이러한 자극과 관련된 조건화된 공포 반응의 소거extinction를 가져왔다는 것이었다. 이러한 자극에 후속적으로 직면할 때 고통의 감소가 나타나며, 이는 전반적인 PTSD 증상 개선과 관련이 있다. 노출 회기 동안 자가보고된 고통이 감소하고, 동일한 자극에 대한 노출이 한 회기에서 그다음 회기로 가며 고통을 덜 유발하면서 내담자가 호전된다고 가정한다. 그러나 최근 연구에서는 치료적 노출이 어떻게 작용하는지에 대한 가정이 바뀌었다. 이제 치료적 노출은 억제학습inhibitory learning으로 알려진 과정을 통해 PTSD 증상을 줄이는 데 도움이 된다고 여겨진다(Craske, Treanor, Conway, Zbozinek, & Vervliet, 2014). 트라우마 신호에 익숙해지지 않는 대신, 억제학습 동안 개인은 이전 반응과 경쟁하고 방지하는 트라우마 신호에 대한 새로운 반응을 배운다. PTSD가 있는 사람들을 위한 치료적 노출의 맥락에서, 두려움의 감소를 경험하는 대신에 트라우마 신호에 직면하는 일을 견딜 수 있음을 배운다. 이러한 학습된 내성은 트라우마 신호(즉, 공포와 회피)에 대한 오래된 반응과 경쟁하고 억제하며, 이후 미래의 재발(즉, 임상적으로 유의미한 PTSD 증상의 재발; Bouton, 2004; Craske et al., 2014)에 대비한다.

상상노출은 WET의 핵심 요소인데, 내담자가 트라우마 사건의 세부사항에 대해 기록하고, 사건 동안 경험한 생각과 감정을 묘사함으로써 트라우마 기억에 반복적으로 직면하도록 요청한다. 트라우마 기억에 반복적으로 대면하게 하기 위해 내담자에게 쓰기 회기에 집중할 초점으로 단일 트라우마 기억을 선택하도록 지시한다. 4장에서는 다중 트라우마 사건(예: 아동기 학대, 전투 외상)이 있는 내담자를 다루는 방법을 설명한다. 다른 노출기반치료와 마찬가지로, 우리는 쓰기를 통한 트라우마 기억의 직면이 공포내성행동fear tolerance behaviors의 발달을 촉진한다고 가정한다.

인지치료/재구조화

PTSD에 대한 인지치료에서는 주어진 트라우마 사건과 관련된 인지, 감정 및 의미를 평가한다. 내담자는 종종 사건이 발생한 방식이나 사건을 둘러싼 다른 사실적 정보와 일치하지 않는 생각, 감정 및 의미를 만들어 왔다. 예를 들어, 내담자는 트라우마를 예방하기 위해 할 수 있었던 것이 거의 없었다는 것을 암시하는 사건의 명확한 정보에도 불구하고, 자신이 그 트라우마를 예방할 수 있었다고 믿을 수 있다. 인지치료에서 치료자는 이러한 잘못된 주장에 이의를 제기하고 내담자의 견해를 사실 정보와 일치시키도록 한다.

특히, 치료자의 인지치료 없이 트라우마 경험을 반복적으로 이야기하는 것을 통해 사실 정보와 일치하지 않는 인지적 신념이 교정된다는 증거가 있다(Bryant, Moulds, Guthrie, Dang, & Nixon, 2003; Foa et al., 2005). 즉, 내담자가 트라우마 기억을 다시 언급하면서, 사건에 대한 구체적이고 사실적인 정보를 기억하기 시작하고, 이것이 이전에 가졌던 믿음의 수정으로 이어진다. 예를 들어, 내담자는 그 사건을 중지하거나 발생을 막을 수 있다고 믿을 수 있으며, 따라서 자신이 해당 사건에 대한 책임을 지게 된다. 그들이 트라우마를 다시 이야기하기 시작하면서 사건에 누가 연루되었고, 그 사건이 어떻게 전개되었는지에 대한 구체적인 정보를 기억하게 된다. 이렇게 자세히 이야기하면서 그 사건 내에서 그들의 역할을 더 잘 이해할 수 있다. 결과적으로, 그들이 그 사건을 막을 수 있었고, 사건 발생에 100% 책임이 있었다는 믿음은 균형 잡히고 정확한 관점으로 바뀐다.

인지 재구성은 CPT와 같은 주로 인지초점치료에서 성공적인 결과를 이끌어내는 핵심 기전으로 추정된다. 그러나 치료적 상상노출의 결과로 트라우마 관련 인지가 변화하고, 이것이 치료 성공 창출에 억제학습만큼 중요할 수 있다는 근거가 증가하고 있다(Aderka, Gillihan, McLean, & Foa, 2013; McLean, Su, & Foa, 2015; McLean, Yeh, Rosenfield, & Foa, 2015; Zalta et al., 2014). 유사하게, 인지 재구성은 WET에서 관찰된 치료 이득에 대한 중요한 기전일 가능성이 높다. 트라우마 기억에 대한 반복적인 이야기를 통해 내담자는 트라우마 관련 인지를 교정하기 시작한다(예: "그 사건이 일어난 것은 내 잘못이야"에서 "나는 그 사건이 일어나지 않도록 최선을 다했고, 그 사건에는 다른 사람들의 책임이 있어"로 재구조화 됨). WET의 쓰기 회기는 내담자에게 트라우마 사건의 세부사항에 대해 쓰도록 지시하는 것으로 시작하지만, 이후 회기에서는 트라우마 사건이 그들의 삶과 그 의미에 어떠한 영향을 미쳤는지 살펴보도록 지시한다. 그렇게 함으로써 내담자의 믿음은 더 사실적이고 덜 왜곡되는 것으로 변화한다.

WET가 PTSD 치료의 흔한 장벽을 해결하는 방법

몇 가지 PTSD 치료법이 「임상진료지침」에서 권장되지만, 이러한 치료법이 모든 사람에게 효과적인 것은 아니다. 일반적으로 치료 종료 후에도 3분의 1은 여전히 PTSD 기준에 충족되며(Bradley, Greene, Russ, Dutra, & Westen, 2005), 또 약 3분의 1은 치료를 조기에 중단한다(Imel, Laska, Jakupcak, & simpson, 2013). 내담자, 치료자 및 치료가 수행되는 상황과 관련된 요인들이 치료의 효과를 감소시키거나 완전히 작동하지 못하게 할 수 있다. 그러나 WET는 이러한 장벽을 많이 해결할 수 있다.

내담자 요인

트라우마를 상기시키는 것들을 회피하는 것은 PTSD의 주요 증상인데, 이 장애의 이와 같은 특성은 특히 이러한 증상을 가진 사람이 여러 최상의 치료에 참여하는 것을 어렵게 만든다. 회피는 여러 가지 형태(물질 사용, 기타 중독 행동, 주의 산만, 사회적 고립)로 나타나며, 각각은 치료에서 고유한 문제를 야기한다. 형태에 관계없이 트라우마를 상기시키는 것을 피하려는 노력은 PTSD 치료에서 조기 중단을 초래할 수 있다. 연구에 따르면 CPT와 PE의 경우 치료 환경에 따라 탈락률이 18~65%이다(무작위 대조 시험 vs 임상적 환경 내 치료; Garcia, Kelley, Rentz, & Lee, 2011; Hembree et al., 2003; Imel et al., 2013; Kehle-Forbes, Meis, Spoont, & Polusny, 2016).

일반적으로 내담자가 트라우마 관련 자료에 노출되면, 트라우마와 관련된 원치 않는 감정과 생각이 일어나 치료 약속에 나타나지 않고 치료를 완전히 중단한다고 생각된다. 이러한 추측은 일반적으로 내담자가 치료적 노출을 준비하거나 막 시작하는 치료 과정 초기에 치료 이탈이 발생한다는 연구 결과(Gutner, Gallagher, Baker, Sloan, & Resick, 2016; Kehle-Forbes et al., 2016)가 뒷받침한다.

다른 트라우마 초점치료와 마찬가지로, WET를 받은 내담자는 트라우마를 상기시키는 것들에 노출된다. 그러나 WET의 경우 낮은 중도 탈락률을 보여준다(예:10% 미만; Sloan, Marx, Lee, & Resick, 2018). 치료 중단율에서 WET와 다른 트라우마 초점치료와의 현저한 차이를 설명하는 것은 무엇인가? 이 책의 독자라면 4장의 WET 프로토콜을 검토할 때 곧 알게 되겠지만, 낮은 탈락률에는 몇 가지 이유가 있을 수 있다.

첫째, 다른 트라우마 초점치료와 달리 WET는 치료적 노출이 서면書面으로 이루어지며 치료자에게 트라우마 경험에 대해 말하는 일을 포함하지 않는다. 이러한 방식은 내담자가 치료 상황을 더 편안하게 느끼고 노출을 잘 견디도록 돕는다.

둘째, 초기 준비 작업이 완료될 때까지 여러 회기 동안 노출이 시작되지 않는 다른 트라우마 초점치료와 달리, WET는 첫 번째 회기에서 노출을 시작한다. 다른 치료를 받는 내담자는 노출이 얼마나 어려울지를 미리 두려워하게 될 수 있으며, 이러한 두려움으로 인해 노출 회기를 시작하기 전에 치료를 중단할 수 있다. 대조적으로, WET는 첫 번째 회기에서 노출을 수행함으로써 내담자는 상상노출이 그들이 두려워했던 것만큼 혐오스러운 것이 아니며 노출을 견딜 수 있다는 사실을 알게 된다. 치료자는 가장 어려운 회기가 막 끝났다는 것을 확인하면서 첫 번째 회기를 끝낸다.

셋째, 다른 트라우마 초점치료와 달리 회기 사이에 과제가 없다. 다른 트라우마 초점치료는 치료자가 없을 때 트라우마 경험에 대해 쓰기, 내담자가 치료자에게 트라우마 경험을 큰 소리로 이야기한 회기 녹음 듣기, 트라우마와 관련하여 이전에 회피하고 두려워했던 상황에 직면하기와 같은 회기 사이 과제가 포함된다. 이러한 회기 간 과제에 대한 준수 여부는 매우 다양하며, 내담자는 이러한 과제를 완료하거나 완료하려고 시도하는 데 어려움을 보고한다. 따라서 내담자는 완료되지 않은 과제와 관련된 수치심이나 죄책감을 가질 수 있다. 완료되지 않은 과제는 트라우마 단서를 회피하는 지표가 될 수 있다. 완료하지 못한 과제와 관련된 수치심이나 죄책감은 트라우마를 상기시키는 것들에 대한 회피를 촉진할 수 있고 회기 누락이나 심지어 치료 중단으로 이어질 수 있다. 과제를 완료하지 않은 후 치료 회기에 불참 또는 취소하는 패턴은 치료 진행을 방해하고, 궁극적으로 치료 결과가 좋지 않은 것과 관련이 있다(Gutner, Suvak, Sloan, & Resick, 2016). WET는 회기 사이에 과제가 없기 때문에 내담자가 이러한 과제와 관련된 수치심이나 죄책감을 경험할 기회가 없다. 이러한 조건은 지속적인 치료 참석을 촉진하고 이후 5주 이내에 치료를 완료할 수 있도록 한다(Sloan, Marx, & Lee, 2018).

치료자 요인

치료자 요인 또한 주어진 치료의 효과에 중요한 역할을 한다. 한 가지 중요한 요소는 치료자가 이러한 치료법을 사용하도록 훈련받은 정도이다. 근거기반치료법을 배울 기회는 제한적일 수 있다. 예를 들어, 미국심리학회의 임상심리학 분과12에는 지속노출을 학습하기 위한 훈련 장소 4곳과 CPT 학습을 위한 훈련 장소 2곳만 나와 있다. 참고로 이들 중 다수는 초기 경력 임상가가 수련을 선택할 수 있는 훈련 장소이다. 전문가용 교육 옵션(예: 워크숍 후 상담)이 존재하지만 임상가는 종종 스스로 찾아야 하며, 이러한 프로토콜을 교육받는 것에 대해 재정적 비용을 부담해야 한다. 교육 워크숍은 일반적으로 2~3일 내내 진행되며, 2건의 사례에 대해 약 20회의 상담 미팅이 제공되기 때문에 재정적 비용이 상당할 수 있다. 이러한 장벽 외에도 치료자는 다양한 이유로 근거기반치료, 특히 노출기반치료를 배우거나 실무에 사용하는 것을 꺼릴 수 있다. 여기에는 증상 악화에 대한 두려움, 내담자가 회기 중 해리될 수 있다는 두려움, 치료 중단에 대한 우려가 포함된다(Becker, Zayfert, & Anderson, 2004).

정확히 말하자면, 다른 심리사회적 치료와 다르지 않게, WET를 성공적으로 진행하기 위해서는 훈련이 필요하다. 그러나 훈련에 드는 시간과 비용은 다른 트라우마 초점치료에서 필요한 것보다 훨씬 적다. 특히, WET 워크숍에는 일반적으로 6시간이 소요되며, 직접 진행하는 것이 아니라 화상원격회의를 통해 수행할 수 있다. WET를 성공적으로 시행하려면 후속 상담이 필요하지만, 치료 기간이 짧기 때문에 필요한 상담 전화 횟수가 더 적다(일반적으로 10회 이내).

상황적 요인

특별히 비용과 관련하여 더 광범위한 시스템 수준의 문제도 발생한다. 첫째, 근거기반치료에서 임상가를 적절하게 훈련시키는 데는 비용이 많이 들 수 있다(Herschell, Kolko, Baumann, & Davis, 2010). 또한 임상가가 치료 프로토콜을 준수하게 하거나 특히 주어진 훈련 기간이 끝난 후에도 이러한 치료법을 계속 사용하도록 하는 일이 어려울 수 있다(Becker et al., 2004; Herschell et al., 2010). WET는 의료 제공자를 훈련하는 데 필요한 시간이 적다는 점을 감안할 때, 의료 시스템에 특히 매력적인 치료 옵션이 될 수 있다. 훈련과 관련된 비용 또한 적다. 더욱이 의료 시스템 측면에서 더 많은 수의 내담자를 더 짧은 시간에 치료할 수 있기 때문에, WET의 적은 치료 회기 수는 매력적이다. 치료 회기가 스크립트로 작성되어 있다는 점에서 WET에 대한 치료 순응도 역시 일반적으로 높다.

치료 구현 장벽

미국 보훈처와 국방부는 9·11 테러 이후 PTSD 치료 서비스에 대한 필요성이 증가했음을 인식하고, 각각의 환경에서 정신건강 제공자에게 CPT와 PE를 보급하는 데 상당한 자원을 할애했다(Eftekhari et al., 2013). 이 광범위한 보급 노력은 수년에 걸친 주요 사업이었다. 이러한 치료에 대해 교육받고자 하는 치료 제공자는 집중 워크숍(예: 2일)에 참석해야 했으며, 워크숍에 참석한 후 1년 이내에 매뉴얼화된 특정 프로토콜을 사용하여 최소 2건의 사례(완료 건)에 대한 지도감독을 받아야 했다. 그러나 PE와 CPT를 받는 내담자는 치료 중도 탈락이 높을 수 있어서 지도감독 기간이 종종 수개월 동안 지속된다(Kehle-Forbes et al., 2016). 이러한 기준이 충족되면, 제공자는 인증을 받았다.

이러한 치료법을 몇 년 동안 보급한 후, 많은 연구에서 미국 보훈처와 국방부의 의료 환경에서 이러한 치료법의 이행을 검토했다. 연구 결과에 따르면 치료 제공자들은 PE와 CPT가 효과적인 치료법이라고 믿었지만, PE나 CPT보다는 지지적 상담 방식을 더 자주 사용하는 것으로 나타났다(Finley et al., 2015; Watts et al., 2014). 게다가, 치료 제공자는 두 접근 방식 모두에 대해 치료 구성요소의 전부가 아닌 일부만을 사용한다고 보고하였는데(Borah et al., 2013; Watts et al., 2014), 비체계적으로 변경된 이러한 치료법이 효과가 있는지 알 수 없기 때문에 문제가 될 수 있다. 치료 제공자는 PE와 CPT가 효과적이라고 믿지만, 임상치료 수요와 제한된 인적 자원 때문에 이러한 치료법을 변경하거나, 대신 지지치료를 사용한다고 보고했다(Borah et al., 2013; Finley et al., 2015).

하지만 WET는 간단한 치료이기 때문에 이러한 구현 장벽의 영향을 덜 받고, 제한된 인적 자원으로 더 많은 내담자를 치료할 수 있다. 또한 WET 프로토콜은 고도로 구조화되고 스크립트로 되어 있어 제공자가 프로토콜에서 벗어날 가능성이 적으므로 치료를 받는 내담자들의 치료 결과 성공률이 잠재적으로 증가할 수 있다.

종합하면, 많은 PTSD 치료 옵션은 공통부분이 있다. WET의 효율성과 구조는 다른 근거기반 PTSD 치료 접근 방식에서 제기된 많은 문제를 해결한다. 2장에서는 WET가 어떻게 개발되었는지 설명하고, PTSD를 치료 시 WET 사용을 뒷받침하는 연구 결과를 제시한다.

2 쓰기노출치료의 개발 및 효과에 대한 연구 결과

궁극적으로 쓰기노출치료[WET] 프로토콜로 귀결된 우리의 작업은 페니베이커Pennebaker와 빌Beall(1986)이 연구한 표현적 쓰기법expressive writing procedure과 관련된 광범위한 이득에 대한 호기심에서 시작되었다. 이 기법은 스트레스 또는 트라우마 경험에 대해 3일 연속으로 하루에 20분 동안 쓰는 일을 포함한다.[1] 절차의 간결함에도 불구하고 놀랍게도 발표된 많은 연구에서 강력한 신체 및 심리적 건강상의 이득을 입증했다(Frattaroli, 2006를 검토). 이 연구 결과를 읽으면서, 우리는 페니베이커와 빌의 프로토콜과 PTSD에 대한 노출기반치료 사이에 명백한 유사성뿐만 아니라 일관성에 충격을 받았다. 그러나 우리는 표현적 쓰기

http://dx.doi.org/10.1037/0000139-003

Written Exposure Therapy for PTSD: A Brief Treatment Approach for Mental Health Professionals, by D. M. Sloan and B. P. Marx

Copyright © 2019 by the American Psychological Association. All rights reserved.

1 페니베이커 등의 표현적 글쓰기의 첫 번째 연구에서(Pennebaker & Beall, 1986)는 대학생들을 대상으로 4일 연속으로 15분 동안 쓰기를 시행하였다. 이후 연구는 대부분 연속된 며칠 동안, 즉 3~5회기(연속된 며칠 동안), 15~20분간 글쓰기를 요청으로 진행되었다(Pennebaker 1994, 1997a, 1997b, Smyth & Pennebaker 1999)(역자 주).

법의 노출기반치료에 일반적으로 시행하는 만큼 많은 회기(즉, 3회의 회기 vs 12회의 치료 회기)가 포함되지 않았기 때문에 실제 외상적 스트레스 요인(기준 A의 트라우마 사건; American psychiatric Association, 1994, 2013)과 적어도 중등도의 PTSD 증상을 경험한 사람에게는 유익하지 않을 것으로 가정했다.

우리는 첫 번째 연구에서 PTSD 기준 A의 외상적 스트레스 요인 및 적어도 중등도 이상의 PTSD 증상이 있는 사람을 표현적 쓰기 조건에 할당하거나 자신이 시간을 어떻게 보냈는지 감정이나 의견 없이 쓰는 대조군에 무작위로 할당하여 이 가설을 시험했다(Sloan & Marx, 2004). 표현적 쓰기법을 재현할 수 있도록 페니베이커Pennebaker로부터 직접 프로토콜을 얻었고, 표현적 쓰기 프로토콜이 트라우마 이력과 동반 PTSD 증상을 가진 사람들에게 어느 정도로 도움이 되는지 시험하는 후속 연구뿐만 아니라 본 연구의 과정에 대해서도 그와 상의했다. 치료적 노출(즉, 공포 소거)의 추정된 작용 기전을 시험하기 위해 각 쓰기 회기 전후에 참가자로부터 타액 코르티솔 반응성을 평가하기 위한 타액 샘플을 수집하였고, 감정적 반응성에 대한 자기보고식 척도를 평가하였다. 억제학습 모델은 아직 널리 채택되지 않았다. 우리는 쓰기 프로토콜이 병리적 공포 반응이 소거될 만큼 충분한 쓰기 회기(즉, 노출)를 포함하지 않았다고 가정했기 때문에 PTSD 증상 변화에서 집단 간의 차이가 없을 것으로 예상했다. 우리의 예상과는 달리, 표현적 쓰기 조건에 할당된 참가자들이 보고한 PTSD 증상 중증도가 대조군에 배정된 참가자에 비해 치료 후 즉시, 그리고 이후 추적 평가에서 유의하게 감소했음을 확인했다. 더욱이 소거 모델과 일치되게, 타액 코르티솔과 자기보고식 감정적 반응성 점수는 첫 번째 표현적 쓰기 회기에서의 공포 반응의 초기 활성화가 세 번째 회기에서 공포 반응의 소거로 이어짐을 시사했다(Sloan & Marx, 2004).

이러한 연구 결과는 병리적 공포의 소거를 위해서는 더 많은 쓰기 회기(즉, 더 많은 치료 용량)가 필요하다고 가정했기 때문에 우리를 놀라게 했다. 그 후에, 우리는 성공적인 PTSD 치료를 위해 필요하고 충분한 치료 용량을 입증한 연구를 알아내기 위한 시도로 경험적 문헌을 조사했다. 이 문헌 검토를 하면서 놀랍게도 우리는 PTSD에 대한 치료 용량과 치료 결과 사이의 연관성을 조사한 선행 연구가 없음을 발견했다.[2] 이러한 발견은 우리의 첫 번째 연구에서 나온 결과와 함께 성공적인 PTSD 치료에 필요한 중요 구성요소를 더 잘 이해하기 위한 일련의 후속 연구를 수행하게 했다.

다음 연구에서 우리는 성공적인 결과를 얻기 위해 각 쓰기 회기 동안 동일한 트라우마 경험에 대해 쓰기를 할 필요가 있는지를 조사했다(Sloan, Marx, & Epstein, 2005). 페니베이커Pennebaker와 빌Beall(1986)의 독창적인 표현적 쓰기 프로토콜은 스트레스 또는 트라우마 사건들 사이를 전환할 수 있도록 허용하며, 결과적으로 일부 사람들은 쓰기 회기 사이에 주제를 변경한다. 이러한 허용은 일반적으로 내담자를 동일한 트라우마를 상기시키는 일에 반복 노출시켜서 그러한 반응이 소거되도록 하는, 노출기반치료에서 일반적으로 수행하는 일과는 일치하지 않는다. 즉, 노출자극의 특이성에는 약간의 논란이 있지만, 일부 연구자(예:

2 우리는 2002년에 문헌을 조사했고 그 당시에는 성공적인 PTSD 치료 결과에 필요한 용량을 조사하는 연구가 없었다. 그러나 현재는 이러한 부분을 다루는 여러 연구가 발간되었다(예: Galovski, Blain, Mott, Elwood, & Houle, 2012; Nacasch et al., 2015; van Minnen & Foa, 2006).

Watson & Marks, 1971)는 그러한 자극이 노출로부터 강한 부정적인 영향을 이끌어내는 한, 어떤 자극도 노출 회기 중에 사용할 수 있다고 제시하였다. 이 경우 표현적 쓰기는 개인이 무엇에 대해 쓰는 것이든 충분히 강한 부정적 영향을 끌어내기만 한다면, 개인이 주제를 바꿈에 상관없이 긍정적인 결과를 낳아야 한다. 이것이 실제로 그러할지 확인하기 위해 우리는 다중 외상적 스트레스 요인에 노출된 이력이 있고, 적어도 중등도 정도의 PTSD 증상을 보고한 참가자를 모집하였다.

우리는 참가자들을 무작위로 할당하여 각 회기 동안 동일한 트라우마 사건에 대해 쓰도록 하거나, 각 회기 동안 다른 트라우마 사건에 대해 쓰도록 하거나, 감정이나 의견 없이 그들의 하루에 대해 쓰도록 했다(대조 쓰기 조건). 글을 쓸 때는 다른 모든 표현적 쓰기법을 따랐다. 우리는 또한 공포 반응 소거 가설을 시험하기 위해 매 회기 동안 타액 코르티솔 반응 자료도 수집하고, 자기보고식 감정 평가도 측정했다. 연구 결과에 따르면 각 회기 동안 동일한 트라우마 사건에 대해 쓴 사람들만이 치료 직후 평가 및 추적 평가에서 PTSD 증상 중증도가 현저히 감소했다. 각 회기 동안 서로 다른 트라우마 사건을 쓰도록 할당된 사람들과 대조군은 증상 중증도가 유의하게 감소하지 않았다고 보고했다. 여기서 중요한 관찰은 두 가지 트라우마 쓰기 조건의 참가자가 첫 번째 쓰기 회기에서 높은 공포 반응을 보였는데, 동일한 트라우마에 대해 쓴 사람들만이 세 번째 쓰기 회기에서 공포 반응의 현저한 소거를 보였다는 것이다. 실제로 각 회기 동안 다른 트라우마에 대해 쓴 사람은 동일한 트라우마 쓰기 조건과 통제된 쓰기 조건에 할당된 참가자에 비해 세 번째 회기에서 훨씬 더 큰 공포 반응을 보였다(Sloan et al., 2005). 이러한 연구 결과는 각 회기 동안 동일한 트라우마에 대해 기록하는 일의 중요성과 상상노출을 수행할 때 노출자극, 즉 트라우마 사건의 특이도가 중요함을 강조한다.

그다음 우리는 표현적 쓰기법 결과의 매개 요인을 조사하는 몇 가지 추가 연구를 수행했고, 트라우마 사건 동안 경험한 생각의 강조 대對 감정 표현을 강조하는 쓰기 지침과 같은 표현적 쓰기법의 중요한 구성요소를 계속 조사하였다(Sloan, Marx, Epstein, & Lexington, 2007). 예를 들어, 우리는 남성과 여성이 표현적 쓰기에서 동등한 이익을 얻었고(Epstein, Sloan, & Marx, 2005), 곰곰이 반추하는 스타일을 가진 사람이 그렇지 않은 사람보다 표현적 쓰기와 관련해 더 큰 이득을 얻었음을 확인했다. 또한 감정 조절 능력이 더 높은 사람(호흡성 동성 부정맥으로 나타나는)이 감정 조절 능력이 낮은 사람보다 표현적 쓰기와 관련해 더 좋은 결과를 얻었다(Sloan & Epstein, 2005). 또한 우리는 표현적 쓰기를 위한 교육 세트에서 감정 표현을 강조하는 것이 인지 재구성을 강조하는 지침에 비해 더 큰 이득을 가져옴을 발견했다(Sloan et al., 2007). 이러한 연구 결과로 우리는 표현적 쓰기가 누구에게 이로울지와 어떤 조건에서 가장 이로울지를 더 잘 이해할 수 있었다.

표현적 쓰기 프로토콜의 중요한 구성요소를 조사하는 데 약 8년을 보낸 후, 다음으로 PTSD 진단을 받은 사람에게 이것이 유익할지 여부를 조사했다(Sloan, Marx, & Greenberg, 2011). 이전 연구에서 우리는 참가자들에게 진단적 면담을 수행하는 대신 PTSD 증상에 대한 자기보고식 평가를 제출하도록 요청했다. 연구 전반에 걸쳐 자기보고된 PTSD 증상의 범위를 감안했을 때, 우리는 PTSD에 대한 진단 기준을 충족했을 일부 사람과 PTSD 증상이 없는 사람도 분명히 포함시켰다. 따라서 표현적 쓰기가 PTSD 중증도가 더 큰 사람들 사이에서 임상적으로 유의한 증상 감소를 촉진할 수 있을지는 불확실했다.

이 문제를 해결하기 위해 우리는 임상가가 시행하는 면담을 이용하여 PTSD를 평가하는 연구를 수행하였다. PTSD 진단이 확인된 참가자는 표현적 쓰기나 대조 쓰기 조건에 무작위로 할당되었다. 우리의 초기 연구 결과(Sloan et al., 2005)를 바탕으로 표현적 쓰기 프로토콜을 변경하여 각 회기 동안 동일한 트라우마 경험에 대해 쓰도록 지시했다. 우리는 각 회기 동안 심박수 반응성과 자기보고식 감정 평가를 조사하여 노출(즉, 소거)의 근본적인 기전을 계속 시험하였다. 연구 결과는 표현적 쓰기가 PTSD 증상의 현저한 감소와 관련이 없고, 두 조건이 치료 후 및 추적 평가에서 PTSD 증상 중증도의 유의한 차이를 보이지 않았음을 나타냈다. 심박수와 자기보고 감정 반응성 자료는 표현적 쓰기 조건에 할당된 참가자에게서 공포 반응의 초기 활성화를 나타냈지만, 첫 번째 회기 이후 이 반응의 후속 감소는 관찰되지 않았다(Sloan et al., 2011).

PTSD 진단을 받은 사람들을 통한 이러한 발견은 우리가 첫 번째 연구에서 관찰할 것으로 예상했던 것이다. 하지만, 우리는 트라우마 후 스트레스 증상을 치료하기 위해 내러티브 쓰기를 사용할 때 효과가 있는 것과 없는 것에 대해 많은 것을 알지 못했기에 이 연구를 먼저 시행하지 않았음을 기쁘게 생각한다. 우리의 체계적인 연구는 내러티브 쓰기를 통한 치료적 상상노출이 효과적인 치료법이 될 수 있다는 개념을 뒷받침하는 자료를 제공했지만, 더 심각한 PTSD를 가진 사람들에게 도움이 되도록 수정할 필요가 있었다. 우리는 이전의 연구 자료, 즉 충분한 내러티브 쓰기 용량을 더 알아내기 위해 수행한 파일럿 연구 및 기타 관련 경험적 자료를 기반으로 몇 가지를 수정했다.

첫째, 성공적인 치료 결과에 필요하고 충분한 최적의 내러티브 쓰기 양을 조사하기 위해 수행한 몇 가지 시범 연구를 기반으로, 프로토콜에 포함된 쓰기 회기의 수와 지속 시간을 변경했다. 이 시범 연구를 통해 PTSD 진단을 받은 사람에게 성공적인 결과를 도출하기 위해서는 각각 30분의 쓰기가 포함된 5번의 회기가 적절한 용량임을 알게 되었다.

다음으로, 누적된 경험 연구(예: Sloan et al., 2007)와 경험적 문헌을 기본으로 쓰기 지침을 변경했다. 예를 들어, 프로토콜은 내담자에게 자신의 트라우마 경험에 대해 몰입된 관점이 아닌 거리를 둔 관점("지금 되돌아봤을 때")을 사용하여 쓰라고 지시한다("지금 일어나고 있는 것처럼 현재 시제로 쓰시오"). 이 결정은 사람들이 몰입 관점을 사용할 때와는 대조적으로 거리를 둔 관점을 사용할 때 매우 부정적인 삶의 사건을 더 정확하게 이야기하고, "훈습work through"할 수 있음을 나타내는 연구 결과를 기반으로 한다(검토는 Kross & Ayduk, 2011, 2017 참고).

마지막 수정으로, PTSD에 대한 모든 근거기반치료에 포함되는 심리교육psychoeducation 요소를 추가했으며(예: Hamblen, Schnurr, Rosenberg, & Eftekhari, 2009), 첫 번째 치료 회기에 치료 근거를 포함시켰다. 내담자에게는 PTSD의 핵심 증상뿐만 아니라 PTSD가 어떻게 발생하고 지속되는지에 대해 알려주는 것이 중요하다. 이 정보는 치료에 대한 이론적 근거, 즉 트라우마 경험에 대해 쓰는 것이 PTSD를 호전시키는 이유를 설명하기 위한 적절한 맥락을 제공한다. 내담자의 치료에 대한 수용이 치료 결과의 상당한 차이를 설명한다는 분명한 자료가 있다(예: Addis & Carpenter, 2000). 또한 내담자가 하지 않으려고 노력했던 바로 그 일, 트라우마 경험에 쓰는 일을 기꺼이 할 수 있도록 요청하는 이유를 설명하는 것도 중요하다.

우리는 각 치료 회기에 대해 제공자가 서로 쉽게 보급할 수 있고,

수행하는 치료자와 상관없이 치료가 동일하게 이루어지게 하기 위해 프로토콜을 스크립트로 작성했다. 따라서 치료자가 내담자에게 치료 정보를 말 그대로 읽어주도록 한다. 내담자가 쓰기 지침을 얼마나 잘 따랐는지에 대한 피드백을 제공하고, 쓰기 회기가 어떻게 진행되었는지 확인하는 것처럼 특정 내담자를 위해 개별화된 치료 회기의 대본은 작성하지 않았다. 프로토콜의 이러한 개별화된 부분은 4장에서 자세히 설명하고 있다.

이러한 변화에 따라, 우리는 새로운 프로토콜을 '쓰기노출치료 written exposure therapy'로 명명했다. 프로토콜을 개발한 이후로 우리는 그 효과를 조사하는 여러 연구를 수행했다.

초기 효과 연구

우리는 WET가 PTSD 치료에 도움이 될 것이라 믿었지만 이 추측을 검정하는 일이 중요했다. 치료 효과에 대한 초기 시험으로, 우리는 미국 국립 정신건강연구소에서 받은 연구비로 WET를 대기자 비교집단과 비교하였다. 연구자금 지원기관의 요청에 따라 개인이 집에서 WET를 받는 원격의료 비교 조건도 포함되었다. 이것은 WET의 형식을 고려할 때 합리적인 제안이었다. 즉, WET는 병원 외부에서 수행하기에 이상적인 치료로 보이며, 치료가 필요한 사람들이 훨씬 더 쉽게 치료를 받도록 한다.

우리는 자동차 사고로 인한 성인 PTSD 표본을 이용해 WET를 시험했다. 우리는 몇 가지 이유로 이 표본을 선택했다. 첫째, 자동차 사고는 PTSD를 야기하는 가장 흔한 형태의 외상적 스트레스 요인이다(Blanchard & Hickling, 2004). 둘째, 우리는 아동 학대나 전투 노출 같은 반복적인 트라우마 사건보다 단일하고 개별적인 트라우마 사건으로 인해 PTSD가 발생한 사람을 표본으로 하여 WET의 초기 효과를 시험하는 것이 가장 좋을 것이라고 믿었다.

무작위 대조 시험을 수행하기 전에 먼저 WET의 원격의료판에 대한 프로토콜을 개발하기 위한 파일럿 연구를 수행해야 했다. 병원 외부에서 WET 참가자를 참여시키기 위한 노력의 일환으로 각 회기가 시행될 특정 요일과 시간을 예약하도록 회기를 구성하였다. 그런 다음 치료자는 각 회기에 지정된 시간에 참가자에게 전화를 걸어 해당 회기 동안 쓰기 지침을 제공하고자 했다. 참가자에게 회기가 30분 안에 완료된다는 사실을 상기시켜야 하며, 이후 치료자가 다시 전화를 걸어 쓰기 회기가 어떻게 진행되었는지를 확인하고자 했다.

슬프게도, 우리는 원격의료 시험 연구에서 두 가지 주요 문제에 부딪혔다. 첫째, 처음에 원격의료 WET를 받기로 동의한 참가자의 상당한 비율(즉, 최소 50%)이 첫 번째 치료 회기 전에 중도 탈락했다. 이 높은 중도 탈락자 비율은 우리가 이전에 표현적 쓰기 연구에서 일반적으로 관찰한 비율과는 현저하게 달랐다. 우리가 맞닥뜨린 두 번째 문제는 적어도 한 번의 원격의료 WET 회기를 받은 대부분의 사람들이 쓰기 회기 동안 전화나 전자 메일 확인과 같은 다른 활동에 참여했다고 보고했다는 것이다. 적어도 한 번의 원격의료 WET에 참여한 상당수의 사람 또한 중도 탈락했다. 이러한 관찰은 다른 연구(예: Lange et al., 2003)에서 원격의료 쓰기 중재를 받은 사람들 중 치료 중도 탈락자가 많은 것과 일치했다. 우리는 참가자들이 트라우마 상기 요인과 관련된 고통을 회피하기 위해 쓰기 프로토콜을 준수하는 일을 꺼린다고 이해했다. 확실히 회피는 PTSD의 핵심 특성이며(American Psychiatric Association, 2013; World Health Organization, 2018), PTSD를 가진 사람이 지속노출[PE]과 인지처리치료[CPT] 같은 다른 트라우마 초점치료(Hoge & Chard, 2018)에 참여하는 일을 단념시켰다. PTSD가 있는 사람은 병원 외부보다 병원에 있을 때 WET 프로토콜을 훨씬 더 기꺼이 따르는 것 같았다. 게다가, 참가자들은 쓰기 회기에서 야기될 수 있는 부정적인 영향을 관리할 수 없을지도 모른다는 두려움 때문에 집에서 WET를 받기가 꺼려질 것 같다고 말했다. 참가자들은 병원 내에 "안전망"이 있다고 느낀다고 보고했다. WET 프로토콜의 원격의료판을 시험하는 데 어려움을 겪었기 때문에, 우리는 결국 원격의료 WET를 무작위 대조 시험에서 제외했다.

그런 다음 자동차 사고 관련 PTSD 진단을 받은 46명의 참가자가 WET 또는 대기자 대조군waiting-list control에 무작위로 할당되는 무작위 대조 시험 설계를 사용하여 WET의 첫 번째 효과 연구를 진행했다(Sloan, Marx, Bovin, Feinstein, & Gallagher, 2012). WET가 PTSD 증상을 감소시키는 기전을 결정하려는 우리의 목표에 따라, 각 쓰기 회기 동안 자기보고식 감정 척도를 평가하고, 심박수를 기록했다. 우리의 연구 결과는 대조군에 할당된 참가자와 비교하여 WET에 할당된 참가자가 치료 후 PTSD 증상 중증도의 유의한 감소를 보여주었고, 증상 감소가 3개월 및 5개월 후에도 유지되었음을 나타내었다. 또한 3개월 추적 검사에서 23명의 대기자 대조군 중에서 15명(65%)이 PTSD 진단 기준을 충족한 것에 비해 23명의 WET 참가자 중에서는 단 한 명(5%)만이 PTSD에 대한 진단 기준을 계속 충족했다. 참가자들은 치료를 잘 수용하고 견딜 수 있어서 단 2명(7%)만이 치료를 조기 중단하였다. 또한 WET 참가자 집단은 치료에 매우 만족한다고 보고했다(가능한 최대 총점 32점 중 M=28.20, SD=3.3).

우리는 WET를 시행하는 동안 공포가 습관화된다는 가정의 증거를 발견했다. 특히, 치료 회기 사이에 WET에 할당된 참가자에 대한 자기보고식 감정 평가의 상당한 감소를 관찰했으며(Sloan et al., 2012), 치료 이득은 초기 생리적 활성화와 자기보고식 각성평가self-reported arousal ratings로 나타낸 회기 사이 소거와 유의하게 관련되었다(Wisco, Baker, & Sloan, 2016).

연구 참가자들은 연구 기간 동안 운전 및 승차 회피 설문지(Clapp et al., 2011)를 작성했으며, 이 자료를 사용하여 자동차 사고 관련 PTSD를 가진 사람의 가장 일반적인 회피행동 유형인 운전 및 승차 회피행동에 변화가 발생했는지를 조사했다(Blanchard & Hickling, 2004). 비록 참가자들과 생체 노출 회기를 할당하거나 논의하지는 않았지만, 운전 및 승차 회피 관련 행동이 기준점으로부터 유의하게 감소했을 뿐만 아니라 대기자 집단에 할당된 참가자에 비해 유의하게 감소했다는 것을 관찰하였다(Baker, Litwack, Clapp, Beck, & Sloan, 2014). 다른 PTSD 관련 회피행동에도 맞선다는 사실은 첫 번째 치료 회기에서 소개한 PTSD가 지속되는 데 회피의 중요도와 참가자가 상상노출 회기에서 느낀 긍정적인 경험을 평가한 정보의 결과일 수 있다. 예를 들어, 참가자들은 교통사고 이후 이러한 행동을 피한 후 다시 고속도로에서 자발적으로 운전을 시작한 이유를 묻는 질문에 그들이 트라우마 기억을 직면할 수 있었기 때문에 트라우마 경험과 관련하여 피해왔던 다른 것들과도 직면할 수 있다고 느꼈다고 답했다. 중요한 것은, 우리가 얻은 치료 집단 간 조건의 효과가 치료하지 않은 비교군을 사용한 CPT와 PE 치료의 연구보고와 유사하다는 점에 우리가 주목했다는 것이다(Cahill, Rothbaum, Resick, & Follette, 2009; Cusack et al., 2016).

WET와 CPT의 효과 비교

연구 결과는 고무적이었지만, 우리는 WET를 대기자 비교군과만 비교했다. WET가 PE와 CPT 같은 다른 근거기반치료에 의해 얻어진 PTSD 증상 감소와 필적하는 PTSD 증상의 임상적으로 유의하고 지속 가능한 감소를 만드는지 확인하기 위해 보다 엄격한 연구 설계를 통한 추가 작업이 필요했다. 따라서 우리는 WET의 효과를 조사하기 위한 최선의 다음 단계는 비열등성 무작위 대조 시험을 사용하여 PTSD에 대한 1차 치료제 중 하나와 WET를 직접 비교하는 것이라고 믿었다(연구 설계에 대한 자세한 내용은 Sloan, Marx, & Resick, 2016 참고).

우리는 두 가지 이유[3]로 WET와 CPT를 비교하기로 결정했다. 첫째, CPT는 회기 사이에 서면書面 트라우마 기록서written trauma accounts가 포함되어 있으며, 이것을 회기에 가지고 와서 치료자에게 큰 소리로 읽어준다. 우리는 다른 형식을 사용하는 서면 트라우마 기록서를 포함하면 흥미로운 비교가 가능하다고 믿었다. CPT를 포함해야 하는 두 번

3 최근까지 관행이었던 것처럼, 쓰기 기술과 인지 재구성 모두 포함하는 전체 프로토콜을 지칭하기 위해 인지처리치료(cognitive processing therapy, CPT)라는 용어를 사용한다는 점에 유의해야 한다. 레식Resick과 그의 동료들(2016)은 이제 인지 재구성만을 포함하는 프로토콜을 CPT로 지칭하고, CPT+A라는 용어는 쓰기 기술을 포함하는 프로토콜을 지칭하는 데 사용한다.

째이자 더 설득력 있는 근거는 우리가 연구를 시작했을 때 패트리샤 레식Patricia Resick 박사가 우리 기관에서 일했고, CPT 치료사를 훈련시키고 지도감독하는 책임을 지는 데 동의했다는 것이다. CPT 치료사를 감독하는 레식 박사가 있다는 것은 이 조건에 배정된 참가자가 매우 유능하고 잘 훈련된 치료자들로부터 치료를 받도록 보장하는 일이었다. 우리의 주요 가설은 치료 용량에서 상당한 차이(5회기 vs 12회기)에도 불구하고 WET가 CPT보다 열등하지 않을 것이며, 이전의 두 치료에 대해 보고된 치료 탈락 자료에 근거하여 WET에 비해 CPT에서 치료 중도 탈락률이 훨씬 더 클 것이라는 것이었다(예: Resick, Nishith, Weaver, Astin, & Feuer, 2002; Resick et al., 2008; Sloan et al., 2012).

연구 참가자는 PTSD 진단을 받은 126명의 남성과 여성이었다(Sloan, Marx, Lee, & Resick, 2018). 결과의 일반화 가능성을 높이기 위해 어떤 트라우마 사건으로 인한 PTSD든 포함시켰다. WET가 CPT보다 열등하지 않을 것이라는 우리의 가설이 확인되었다. 특히, 우리는 WET를 받은 참가자와 CPT를 받은 참가자 간의 임상가를 위한 외상후 스트레스장애 척도-5Clinician-Administered PTSD Scale–5(CAPS-5; Weathers et al., 2013a) 점수의 평균 차이가 모든 치료 후 추적 평가에서 4.3 이하임을 발견했다. 이 차이는 CAPS에 대해 이전에 확립된 비열등성 한계noninferiority margin인 10점보다 훨씬 적다. 또한 WET(6%)에 비해 CPT(39%)에서 조기 탈락한 사람이 훨씬 많았다. CPT를 중단한 개인의 대다수(76%)가 처음 5회기 내에 중단했기 때문에 중도 탈락의 차이가 CPT의 더 긴 치료 기간에서 기인한 것 같지는 않다. 또한 치료 중단 이유에 대한 정보도 수집했는데, 일부 사람이 치료 성과를 얻었다고 믿고 추가적인 치료 회기의 필요성을 인식하지 못해서 치료를 조기 중단했을 가능성이 있었다. 이 이유로 CPT를 조기에 중단한 사람은 단 한 명이었다. 주목할 점은, 비열등성 소견은 치료 완료자 표본을 검사할 때도 관찰되었다는 것이다(Sloan, Marx, & Lee, 2018).

치료 기대, 치료 만족도, 치료 유대감을 포함한 치료 과정 평가도 시행했다. 치료 만족도나 치료 기대 면에서 유의한 차이는 관찰되지 않았다(Sloan, Marx, Lee, & Resick, 2018). CPT는 치료자와 참가자가 보내는 시간이 더 많다고 가정하였기에 단축형 치료동맹척도Working Alliance Inventory(Hatcher & Gillaspy, 2006)를 사용하여 CPT에 대한 치료적 유대감이 더 큰지를 조사했다. 예상과 달리, 두 조건 모두에서 치료자와 참가자 간 치료적 유대감에 대한 유의미한 차이가 없었다. 그러므로, 비록 WET에서는 전통적인 개인 심리치료에 비해 치료자들이 내담자들과 상호작용하는 시간이 매우 적지만, 치료적 유대감이 더 나쁜 것처럼 보이지는 않았다.

후속 논문에서, 우리는 WET와 CPT 모두에서 관찰된 치료 이득이 장기(즉, 60주) 추적 평가에서 유지되었다고 보고하였다(Thompson-Hollands, Marx, Lee, Resick, & Sloan, 2018). 또한 두 치료 모두에서 우울증 증상이 유의한 감소를 보였고, 집단 간 유의한 차이는 관찰되지 않았음을 발견하였다(Thompson-Hollands et al., 2018).

WET는 어떤 사람들에게 더 효과가 있을까?

이 연구의 두 번째 탐색 목표는 두 치료 조건에 대한 치료 결과의 조절 요인을 조사하는 것이었다. 두 치료 사이의 용량의 차이를 고려할 때, WET가 더 심각한 증상(예: 더 심한 PTSD 증상, 더 많은 정신과적 동반이환 진단, 트라우마 사건 이후 더 긴 시간)을 경험하거나 다중 트라우마 경험이 있는 내담자에게는 효과가 잘 나타나지 않을 것으로 가정할 수 있다. 또한, 치료에서 쓰기에 초점을 맞추기 때문에 임상가는 내담자의 교육 수준이 WET 치료 결과에 영향을 미치는지를 자주 묻는다. 임상가들이 왜 이런 질문을 하는지는 이해하지만, 쓰기의 질(예: 철자법, 문장 구조, 문법)이 중요하지 않다는 점을 인식하는 것이 중요하다. 오히려 글쓰기는 트라우마 기억에 맞서는 수단으로 사용된다. 문법, 문장 구조, 글쓰기의 전반적인 질은 트라우마 사건에 대한 세부사항을 쓰는 능력을 방해하지 않기 때문에 중요하지 않다. 그럼에도 불구하고, 임상가들이 교육 배경과 언어 능력이 치료 결과에 영향을 미치는지 여부를 자주 질문했기 때문에 우리는 이 연구에서 치료 결과의 잠재적 조절요인으로 추정된 IQ 평가도 포함시켰다.

우리는 인구통계학적 특성(성별, 연령, 인종 배경, 교육 수준; Marx, Sloan, Lee, & Resick, 2017)을 비롯한 다른 여러 잠재적 조절요인을 조사했다. 놀랍게도, 기준선에서 PTSD 중증도, 공존질환의 진단 수, 우울증 중증도 또는 트라우마 사건 이후 경과 시간이 CPT 또는 WET에 대한 PTSD 치료 결과를 조절하지는 못했다. 또한 인구 통계학적 변수도 치료 결과를 조절하지 못했음을 확인했다. 중등도의 치료 호전을 가져온 유일한 변수는 추정 IQ였으며, 기준선보다 추정 IQ 점수가 높을 경우 더 나은 치료 결과와 관련이 있었다. 특히, 추정 IQ 점수가 낮은 사람도 CPT를 받은 후 PTSD 증상의 상당한 호전을 보였지만, 추정 IQ 점수가 높은 사람은 훨씬 더 큰 호전을 보였다. WET를 받은 참가자에서는 기준선에서 추정된 IQ 점수가 PTSD 증상 변화와 관련이 없었다. 따라서, WET의 효과는 진단의 중증도나 과거 트라우마 사건의 수에 영향을 받지 않는다. 또한 WET 결과는 지능이나 교육 수준에도 영향을 받지 않는다.

퇴역 군인 및 현역 군인을 대상으로 한 효과 연구

앞에서 설명한 연구 결과는 주로 민간인 표본 연구에서 나온 것이다. 우리는 퇴역 군인과 현역 군인을 대상으로 트라우마 초점치료를 연구하는 것도 중요하다고 생각했다. 실제로 PE와 CPT가 PTSD 치료에 대한 가장 강력한 경험적 지지를 받고 있지만(Management of Posttraumatic Stress Disorder Work Group, 2017), PE 및 CPT에 대한 효과 및 효과 자료의 대부분은 민간인 표본에서 얻었다. 최근 이라크와 아프가니스탄의 분쟁으로 인해 PTSD 서비스에 참석하는 퇴역 및 현역 군인이 크게 증가하였다(Tanielian & Jaycox, 2008). 이러한 치료 수요의 증가는 퇴역 군인 및 현역 군인을 대상으로 1차 치료의 효과를 조사하는 연구를 수행할 필요성을 인식하도록 했다. 스틴캠프Steenkamp, 리츠Litz, 호지Hoge, 마르마르Marmar(2015)가 요약한 바와 같이 PE와 CPT는 퇴역 군인 및 현역 군인에게는 민간인만큼은 효과적이지 않았다. 구체적으로 스틴캠프 등은 현역 군인이나 퇴역 군인들을 대상으로 PE 또는 CPT의 효과를 조사한 연구에서 49~70%가 임상적으로 의미 있는 증상 감소를 보였으며, 참가자의 60~72%가 PE 또는 CPT 후에 PTSD 진단을 유지했다고 보고했다. 이는 민간인 참가자의 약 80%가 임상적으로 의미 있는 증상 감소를 얻었고, 약 1/3만이 PE 또는 CPT 치료 후 PTSD 진단을 유지하는 것과 대조된다(Steenkamp et al., 2015).

앞서 1장에서 설명한 바와 같이, 퇴역 군인과 현역 군인에 대한

CPT 및 PE의 효과에 관한 우려 외에도, 미국 보훈처 및 국방부 치료 제공자가 교육을 받은 후에도 PTSD의 1차 치료법을 드물게 사용하고 있음을 시사하는 새로운 증거가 있다(Borah et al., 2013; Finley et al., 2015; Watts et al., 2014). 종합하면, 이러한 발견은 치료 유지가 더 좋고, 더 큰 효과를 보이는 추가 치료 선택권의 필요성을 시사한다.

퇴역 군인을 대상으로 한 WET의 타당성, 수용성 및 초기 효과를 조사하기 위해 먼저 소규모 표본으로 개방형 예비연구open pilot를 실시하였다(N=7; Sloan, Lee, Litwack, Sawyer, & Marx, 2013). 이 소규모 연구 결과는 유망했다. 특히 7명의 참전용사 중 단 한 명만이 조기에 치료를 중단했다. 이것은 트라우마 초점치료를 원하는 퇴역 군인에게는 상대적으로 낮은 치료 중퇴율이었다(Kehle-Forbes, Meis, Spoont, & Polusny, 2016). 또한 7명의 참전 용사 중 5명은, 구조화된 임상면담을 사용한 추적 평가에서 PTSD 증상이 임상적으로 유의하게 감소했다고 보고했다. 특히 퇴역 군인들은 치료 만족도에서 우수한 점수를 보고했다(Sloan et al., 2013).

또한 우리는 WET를 CPT와 직접 비교한 최근 발표된 임상시험에서 퇴역 군인들을 대상으로 연구했다(Sloan, Marx, Lee, & Resick, 2018). 퇴역 군인의 하위 집단에 대한 결과는 발표하지 않았는데, 그 이유는 소규모 집단이기 때문에 치료 간 조건 차이를 평가할 수 있을 정도의 적절한 통계 검정력이 없었기 때문이다. 그럼에도 불구하고 우리는 퇴역 군인의 WET 치료 결과를 추가로 조명하기 위해 하위 표본에 대한 기술적인 결과를 여기서 제시한다. 총 33명의 퇴역 군인이 연구에 등록되었으며, CPT(n=16) 또는 WET(n=17)에 무작위로 할당되었다. 두 치료에 할당된 퇴역 군인 중 WET에서는 1명(6%)만이 탈락한 반면, CPT에서는

8명(50%)이 탈락하였다. 퇴역 군인들이 CPT 치료에서 중도 탈락한 이유로 가장 흔하게 보고한 것은 치료가 너무 어렵다는 것이었다(예: 숙제는 시간이 너무 오래 걸리고 복잡했다, 회기는 트라우마 생각을 증가시켜 고통을 야기했다).

CPT와 WET에 배정된 퇴역 군인들은 치료 결과 CAPS-5 평균 점수가 각각 22.25(SD=6.5)와 21.82(SD=7.2)로 둘 다 PTSD 증상의 중증도가 상당히 감소했다. CPT에 무작위로 배정된 퇴역 군인의 50%가 조기에 탈락했다는 점을 감안할 때 치료 완료자의 자료는 특히 중요하다. 특히 치료를 완료한 퇴역 군인에서 CAPS-5 평균 변화의 집단 간 차이는 동일했으며, 모든 평가 간격에서 집단 간 차이가 가장 큰 것은 1.12점에 불과했다. 이러한 결과는 WET가 CPT보다 훨씬 적은 수의 회기를 시행하지만, PTSD가 있는 퇴역 군인에게서 치료 유지가 더 잘되며, CPT와 유사한 치료 결과를 낳을 수 있음을 시사한다. 조짐이 좋은 결과이긴 하지만, 연구에 포함된 퇴역 군인의 수가 적기 때문에 결과를 해석할 때 주의해야 한다.

종합해 보면, 이 두 연구에서 나온 결과는 퇴역 군인들이 WET를 잘 견딘다well-tolerated는 것과 우리의 효과 연구 결과가 유망하다는 것을 시사한다. 우리는 미국 보훈처 건강관리체계 내에서 치료를 원하는 많은 수의 퇴역 군인을 대상으로 WET의 효과 연구를 수행하기 위해 검토 중인 연구 보조금 지원서를 가지고 있다. 이러한 연구 수행은 WET가 PTSD 진단을 받은 퇴역 군인의 치료에 효과적이라는 것을 확고히 하는 데 중요하다.

국방부의 자금지원을 받아 군 복무자를 대상으로 한 WET의 효과 연구 측면에서, 우리는 현재 적극적으로 근무 중인 PTSD 진단을 받은 남녀 현역 군인 표본에서 CPT[4], 즉 인지전용 프로토콜(CPT-C; Resick et al., 2016)과 비교하여 WET가 비열등성인지 여부를 조사하고 있다. 우리는 인지전용 프로토콜을 사용하였는데, 그 이유는 이 프로토콜이 CPT의 트라우마 내러티브 설명 구성요소를 제거한 것이고, 원래 CPT 프로토콜에 비해 더 빠른 치료 이득을 가져온다는 일부 증거가 있기 때문이었다(Resick et al., 2008). 다시 한 번, 우리는 치료 용량의 차이에도 불구하고 WET가 CPT-C보다 열등하지 않을 것으로 예상한다. 또한 WET에서 더 적은 중도 탈락이라는 의미 있는 치료 차이를 발견할 것으로 기대하고 있다. 본 연구의 모집 단계는 현재 진행 중이다. 결과적으로 현재로서는 치료 결과 또는 중도 탈락에 대한 정보를 제시하기 어렵다.

치료 효과 연구의 요약

현재까지 얻은 효과 연구 결과는 WET가 PTSD로 진단된 사람들에게 효과적이고 잘 용인容忍되는 효율적인 치료법이라는 것을 시사한다. 치료 중도 탈락자는 지속적으로 낮았으며, 트라우마 초점치료의 치료 중도 탈락률이 상대적으로 높은 경향이 있다는 점을 고려할 때 주목할 만하다(즉, 36%; Imel et al., 2013). 대부분의 사람들이 치료 과정 초기에 다른 트라우마 초점치료를 중단하였고(예: Gutner, Gallagher, Baker, Sloan, & Resick, 2016; Kehle-Forbes et al., 2016), 이것이 우리가 비열등성 연구에서

4 인지처리치료, 인지(cognitive)는 CPT-C로만 언급되었다(Resick, Monson, & Chard, 2014). 그러나 레식(Resick)과 동료(2016)들은 이제 CPT-C를 CPT로 지칭한다. 이 장에서는 CPT-C라는 용어를 CPT, 인지(cognitive) 전용으로만 사용한다.

관찰한 중도 탈락 패턴임을 고려할 때, 치료가 간단하다는 특성이 낮은 중도 탈락률을 설명할 가능성은 낮다(Sloan, Marx, Lee, & Resick, 2018). 또한 참가자들은 치료에 대해 높은 수준의 만족도를 보고한다.

슬론Sloan 등(2012)이 보고한 연구 결과는 증상 감소가 PTSD 1차 치료법에서 관찰된 것과 유사할 수 있음을 시사했으며, 최근에 완료된 비열등성 연구는 이것이 사실임을 추가로 나타낸다. CPT가 실질적으로 더 큰 치료 용량을 수행함을 감안할 때, 비열등성 연구 결과는 주목할 만하다. 또한, WET에 대한 치료 효과는 장기 추적에서도 유지된다(Thompson-Hollands et al., 2018). 우리의 이전 연구와 마찬가지로, 이러한 결과는 내담자와 제공자 모두에게 효율적인 치료를 하는 동시에, 결과를 극대화하기 위해 필수적이고 충분한 치료요소를 검토하는 일이 중요하다는 것을 강조한다.

한 연구에서 WET가 CPT보다 더 좋지 않은 것으로 나타났지만, 추가 연구가 필요하다. 하지만, WET가 CPT나 다른 PTSD 1차 치료법보다 열등한 것으로 관찰되더라도 낮은 치료 중도 탈락률과 비용 효율성을 고려해볼 때 WET 사용은 여전히 장점일 수 있다. 예를 들어, 다른 트라우마 초점치료에 비해 WET의 치료 탈락률이 적다면, 높은 치료 효과 유지 및 적절한 치료 용량 시행을 보장하기 위해 WET를 사용하는 것이 더 바람직할 수 있다. 비용-효과 측면에서, WET는 회기 간 과제가 없는 점과 함께 총 회기 수를 고려할 때 내담자에게 비용-효과적인 치료 선택권이다. 비용-효과는 치료자의 관점에서도 중요하다. 정신건강 치료 제공자의 입장에서, PTSD 1차 치료법은 치료 자격을 인증받는 데 필요한 교육과 지도감독의 양을 고려할 때 시간이 오래 걸릴 수 있다(예: Karlin et al., 2010). 게다가, 치료자는 PE와 CPT를 제공할 때 각 회기 전에 약간의 준비 시간이 필요하다. 여기에는 다음 회기에 필요한 매뉴얼을 복사하고 이전 회기 내용을 검토하는 작업이 포함될 수 있다. 치료 회기 준비라는 측면에서 WET 치료자는 다음 회기에서 피드백을 제공할 수 있도록 지난 회기에서 완료된 트라우마 내러티브를 읽어야 한다. 이 준비에는 일반적으로 약 5분이 소요된다. 더욱이 WET 초기 훈련과 추후 지도감독은 최소화되며(Sloan et al., 2016), 대조적으로 PE와 CPT 관련 초기 교육 및 후속 상담은 광범위하다(Karlin et al., 2010).

향후 방향

WET가 스크립트화 되어 있고, PE, CPT 및 기타 트라우마 초점치료보다 치료자-내담자 간의 상호작용이 적기 때문에, 비임상가 또는 준전문가가 WET 중재를 제공할 수 있다고 가정할 수 있다. 이는 지금까지 수행된 각 연구의 치료자가 적어도 심리학 석사 학위 이상 소지자였지만, 임상심리학 박사 학위를 소지한 경우가 더 많았기에 해결해야 할 중요한 질문이다. 게다가, 치료자들은 트라우마 초점치료를 다소 개괄적으로 경험한다. 치료 서비스를 필요로 하는 사람의 수가 많음에도 그중 상당수가 치료를 위해 정신건강클리닉에 방문하지 않는다는 점을 감안할 때(Kazdin, 2017), 다양한 전문가가 쉽게 보급하고 시행할 수 있는 치료법을 찾아내는 일이 중요하다. 현재로서는 WET를 성공적으로 구현하는 데 필요한 교육 수준 및 경험에 대한 정보가 없지만, 이는 검토해야 할 중요한 질문이다.

향후 연구를 위한 또 다른 중요한 방향은 WET 구현에 대한 정보를 얻는 것이다. 다양한 환경의 임상가가 WET를 사용하기로 선택한 시기와 이유를 아는 것이 중요하다. 또한 임상가가 중재를 왜 수정하며 어떻게 수정하는지를 알면, 일상적인 진료실에서 치료를 어떻게 사용할 수 있는지와 프로토콜 변경이 필요하다고 간주되는 방식을 이해하는 측면에서 귀중한 정보를 얻을 것이다. 일상적인 치료 환경에서 이러한 변경은 치료에서 더 큰 효과를 얻는 결과로 이어질 수 있다.

어떤 사람은 WET가 원격치료법으로 사용될 수 있다고 생각할지도 모른다. 그러나 이미 설명한 바와 같이, WET 프로토콜의 원격의료판에 대한 우리의 경험은 WET가 진료실 외부에서 잘 작동하지 않을 수 있음을 나타냈다. 그럼에도 불구하고, 트라우마 치료를 필요로 하는 더 많은 사람에게 닿게 해야 한다는 중대한 필요성을 고려할 때, 원격치료로서 WET를 연구하는 추가 작업이 이루어져야 한다. WET가 원격에서 성공적으로 전달될 수 있는 한 가지 방법은 화상원격회의를 이용하는 것이다. 내담자가 내러티브 작성을 완료하는 동안 임상가가 화상원격회의를 통해 계속 연락을 유지할 수 있다면, 이전에 참가자의 순응도를 모니터하기 위해 전화를 사용할 때 보다 더 나은 치료 순응도를 보여줄 수 있다.

효율적이고 쉽게 시행되는 PTSD 치료의 사용은 1차 진료 병원에서도 매력적이다. 1차 진료 서비스를 받기 위해 온 내담자 중 PTSD를 앓는 비율은 일반 인구 내 비율보다 높다(Spottswood, Davydow, & Huang, 2017). 특히 PTSD를 가진 사람은 치료를 위해 정신건강의학과보다 1차 진료 병원에 방문할 가능성이 더 높다(Kazdin, 2017). 따라서 1차 진료 환경에서도 이러한 PTSD 환자들을 치료하는 일이 중요하다. 그런 상황에서는 시간이 많이 소요되는 PTSD 치료법을 제공하기 힘들다. 그

러나 WET는 짧기 때문에, 1차 진료 환경에서 사용하기에 이상적인 치료법일 수도 있다.[5]

정신건강 치료의 범위를 늘려야 할 필요성을 인식하여 우리는 스페인어로 번역된 WET 프로토콜을 만든 네브래스카Nebraska 대학의 트레이 앤드류스Trey Andrews 3세 박사와 협력해 왔다. 앤드류스 박사는 현재 가정 폭력의 생존자인 스페인어권 여성 표본으로 스페인어판 WET의 효과를 시험하고 있는데, 현재까지 그 결과는 유망해 보인다. 우리는 연구 완료 후의 최종 결과를 간절히 기다리고 있다.

5 이 내용을 우리나라에 적용할 때에는 미국의 의료 시스템과의 차이를 고려할 필요가 있다. 우리나라에서는 일차진료환경의 정신건강 전문가가 사용할 수 있을 것으로 생각된다(역자 주).

3 쓰기노출치료를 시작하기 전 PTSD 평가

쓰기노출치료[WET]를 시행하기 전에, 임상가는 먼저 내담자가 외상후 스트레스장애[PTSD]가 있는지, 다른 정신질환이 있는지, WET가 적절한 치료법인지 등을 판단해야 한다. 이 장에서는 적절한 PTSD 평가도구를 구성하는 방법을 설명하고, WET 사용 결정에 영향을 미칠 수 있는 많은 중요한 고려사항을 설명하며, WET의 전체 과정에 대한 내담자 진행 상황 모니터링의 중요성을 논의한다. WET 프로토콜의 맥락 내에서 이 장의 논의가 PTSD 평가에 사용 가능한 모든 도구의 평가를 포괄적으로 다루려는 의도는 아니다. 오히려, 임상가가 목적을 위해 도구 또는 도구 세트를 선택할 때 도움이 되도록 발견적 구조heuristic structure를 제공하고자 함이다.

---

http://dx.doi.org/10.1037/0000139-004

Written Exposure Therapy for PTSD: A Brief Treatment Approach for Mental Health Professionals, by D. M. Sloan and B. P. Marx

Copyright © 2019 by the American Psychological Association. All rights reserved.

치료 시작 전 평가

PTSD 평가

PTSD의 치료법을 식별하는 것에 비해, PTSD의 성공적인 치료에서 평가의 역할에는 주의를 훨씬 덜 기울였다. 적절한 치료(예: PTSD 치료 vs 우울증 치료)를 식별하고, 치료 경과를 모니터링하며, 추가 치료의 필요 여부를 결정하려면 신중한 평가가 중요하다. PTSD의 존재와 중증도를 평가하기 위해 잘 설계되고 잘 측정할 수 있는 적절한 자기보고식 척도 및 면담도구를 이용할 수 있다. 또한, 모든 평가에는 고유한 한계가 있다는 점을 기억하는 것이 중요하다. 사용할 평가도구를 선택할 때는 사용 가능한 평가도구의 강점과 한계, 평가도구의 임상적 유용성을 입증한 정도(예: 시간, 비용 효율성), 심리평가적 특성(즉, 신뢰도, 타당도, 평가도구를 표준화할 때 표본 유형, 절단점)을 고려해야 한다.

PTSD 진단은 트라우마 사건에 대한 노출을 필요로 하기 때문에, 먼저 사건에 대한 노출 여부를 평가해야 한다. 유사하게 WET는 내담자가 자신의 현재 증상과 직접적으로 관련되어 극도로 힘들게 만드는 트라우마 경험에 대해 쓰도록 요구하기 때문에, 적어도 한 번은 그러한 사건에 노출된 이력이 필요하다. 다양한 잠재적 트라우마 사건에 대한 노출을 평가하기 위해 수많은 자기보고식 도구를 사용할 수 있다. 그러한 평가도구의 좋은 예는 PTSD를 잠재적으로 초래할 수 있는 것으로 알려진 16개 사건에 대한 노출 정보를 평가하고, 처음 16개 항목에는 포착되지 않은 다른 극도의 스트레스가 심한 사건을 평가하는 1개 항목을 포함하는 미국 정신의학회의 『정신장애 진단 및 통계 매뉴얼 제

5판』(DSM-5; American Psychiatric Association, 2013)의 생활사건 체크리스트Life Events Checklist(LEC-5; Weathers et al., 2013b)이다. 응답자들은 잠재적 트라우마 사건의 유형에 대한 노출의 다양한 수준을 6점 명목 척도로 나타내며, 동일한 트라우마 유형에 대한 다른 노출 유형(예: 직접 경험, 목격)을 기입할 수 있다. LEC-5는 총점이나 종합점수를 산출하지 않으며, 응답자가 PTSD 기준 A(스트레스 요인 기준)를 충족하는지 여부를 결정하기 위해 다른 척도들[예: 임상가를 위한 외상후 스트레스장애 척도-5(CAPS-5; Weathers et al., 2013a)]과 함께 사용된다.

잠재적인 트라우마 사건에 대한 노출이 확인되면, 트라우마 사건으로 인한 증상의 존재와 중증도를 평가해야 한다. 잘 훈련된 임상가에 의해 구조화된 진단적 면담도구들은 PTSD의 진단 상태와 증상 중증도에 대한 가장 좋은 도구로 널리 간주된다. 미국 국립 PTSD 센터National Center for PTSD에서 개발한(Blake et al., 1990; Weathers et al., 2013a), CAPS는 PTSD를 진단하고 중증도를 평가하기 위해 가장 널리 사용되는 구조화된 면담도구 중 하나다(Weathers, Keane, & Davidson, 2001). 또한 이 평가도구는 강력한 심리평가적 특성을 가지고 있다(Weathers et al., 2018). CAPS는 처음에 DSM-IV(American Psychiatric Association, 1994)를 위해 개발되었고, DSM-5를 위한 업데이트판이 개발되었다(American Psychiatric Association, 2013; CAPS-5). CAPS-5에서는 빈도와 강도를 평가한 다음, 각 항목에 대한 하나의 전체 심각도 점수를 합산한다. CPAS는 신중하게 표현된 즉각적인 질문과 명확한 행동적 관계항을 기반으로 한 명시적 등급척도를 통해 균일한 시행과 채점을 촉진한다. CAPS에는 지난주, 지난달 및 최악의 달(즉, 평생) 버전이 있다. 검사 시간은 응답자가 보고한 증상의 정도에 따라 약 30~60분이다.

우리는 치료자가 PTSD의 존재와 중증도를 결정할 때, CAPS-5를 수행하는데 필요한 시간이나 훈련을 늘 갖출 수는 없다는 것을 알고 있다. 이러한 경우 치료 필요 여부를 결정하기 위해서는 일반적으로 치료 시작 전에 PTSD 증상에 대한 질 좋고 철저한 평가를 시행해야 하기 때문에, 임상가는 어떻게 하는 것이 최선인가에 대해 신중하게 생각해야 한다. 또한 치료 중 어떤 트라우마 사건에 초점을 맞춰야 하는지, 치료를 받은 후 내담자가 어떤 이득을 얻었는지에 대한 평가가 필수적으로 이루어져야 한다.

CAPS-5를 시행하는 것이 불가능하거나 실용적이지 않은 경우, 임상가는 먼저 진단 기준에 대해 적절하게 질문할 수 있도록 DSM-5에 대한 구조화된 임상면담도구Structured Clinical Interview for DSM-5(SCID-5; First, Williams, Karg, & Spitzer, 2016) 중 PTSD 모듈처럼 시간 집약적이지 않은 다른 면담도구를 사용하는 일을 고려해야 한다. 어떤 경우에는, 모든 증상을 특정 외상적 스트레스 요인에 맞게 설명된 자기보고식 평가도구를 사용할 수 있다. 내담자가 자기보고식 평가도구를 완성한 후에, 임상가는 시간을 내어 내담자의 응답을 검토하고, 필요한 경우 언제든지 설명을 요청해야 한다. 이러한 철저한 접근 방식을 사용하더라도, 자기보고식 도구는 가능한 한 더 엄격한 평가 방법으로 확진해야만 하는 잠정적 PTSD 진단만을 제공할 수 있다. 모두는 아니지만 많은 PTSD 자기보고식 평가도구는 유사한 방식으로 질문하고, 유사한 평가척도를 사용하며, 양호한 심리측정학적 특성을 갖는 경우가 많다. 그럼에도 불구하고, 우리는 임상가가 이러한 도구를 적용한 집단에 대한, 이용 가능한 심리측정학적 자료를 고려할 것을 권장한다. 이를 통해 임상가는 선택한 평가도구의 정확성과 효율성을 극대화한다. 비록 시간과 자원이 부족할 때 자기보고식 평가를 PTSD 증상 중증도를 측정하고 임시 PTSD 진단을 제공하는 데에는 사용할 수 있지만, 진단적 면담도구보다 반응 편향에는 더 취약할 수 있다.

이용 가능한 모든 PTSD 자기보고식 평가도구에 대한 검토는 이 장의 논의 범위를 벗어난다. 그러나 우리는 심리측정학적으로 양호하고 널리 사용되는 자기보고식 PTSD 평가도구를 설명한다. 미국 국립 PTSD 센터의 연구원들이 개발한(Weathers, Litz, Herman, Huska, & Keane, 1993), PTSD 체크리스트PTSD Checklist[PCL]는 트라우마 분야에서 가장 자주 사용되는 PTSD 증상의 자기보고식 척도다. 이 척도는 DSM-5의 진단 증상 개요를 반영하기 위해 최근에 개정되었다(PCL-5; Weathers, Litz, et al., 2013). 증상 중증도를 연속 변수로 측정하거나 진단 상태에 대한 이분적 지표로 산출하기 위해 다양한 점수화 절차가 사용될 수 있다. 이분적 채점 방법에는 총점에 대한 절단 점수, 증상 클러스터 채점 방식 또는 이 두 가지 방법의 조합이 포함된다. 응답자들은 지난 한 달 동안 "각 문제가 얼마나 자신을 괴롭혔는지"를 리커트 척도로 평가하도록 요청받는다. 필요 시간은 평가 목표에 맞게 조정할 수 있다. 평가를 완료하는 데에는 약 5~10분이 소요되며, 강력한 심리측정학적 특성을 가지고 있다(예: Bovin et al., 2016).

이 글을 쓰는 시점에서 우리는 PTSD와 복합 PTSDComplex PTSD에 대한 「국제질병분류 11판」[ICD-11](World Health Organization, 2018) 진단 기준과 전적으로 부합하는 잘 검증된 진단적 또는 자기보고식 평가도구에 대해 알지 못한다. 이는 ICD-11 진단 기준을 사용하는 임상의에게 도전 과제를 제기한다. 이러한 평가도구가 검증될 때까지, 우리는 DSM-5에 상응하는 평가도구를 개발자가 설명한 대로 사용하고 나서 그에 따라 획득한 정보를 사용할 것을 권장한다.

정신과적 공존질환 평가

PTSD와 함께 하나 이상의 동반질환이 있으면 치료 계획이 복잡해질 수 있다. PTSD와 우울증, 물질사용장애, 뇌진탕후 증후군, 불안장애 등의 증상이 겹치는 경우 개인의 증상을 특정 장애로 인한 것으로 보고 최상의 치료 과정을 선택하기 위한 철저한 평가가 필요하다. 구조화 또는 반구조화된 면담도구를 이용한 포괄적 진단 절차는 동반질환의 식별 및 진단을 용이하게 하는데, 이것은 치료 계획에 통합될 수 있다.

다른 공존질환에 대한 적절한 추가 평가가 없으면, 악몽, 해리성 플래시백, 과장된 놀람 또는 과잉경계처럼 특정하며 전형적인 PTSD 증상의 존재가 임상가가 최선의 치료 과정을 정하는 데 중요한 추가적인 질환의 존재를 간과하게 할 수 있다. 동반질환에 대한 부적절한 평가는 치료 목표를 잘 설정하지 못하게 할 수 있다. 현재의 「임상진료지침」은 일반적으로 PTSD와 정신과적 공존질환을 동시에 치료할 것을 권장하지만, 높은 수준의 자살충동 또는 심각한 공존질환(예: 심한 물질사용장애, 활동성 정신병적 장애; Management of Posttraumatic Stress Disorder Work Group, 2017)이 있는 사람들의 경우는 PTSD 치료를 연기하거나 전문 치료를 의뢰해야 할 수도 있다. 따라서 PTSD가 있을 때는 이러한 정신과적 공존질환과 그 증상에 대한 올바른 이해가 필수적이다.

수많은 진단적 면담도구와 자기보고식 척도를 사용하여 정신과적 공존질환을 평가할 수 있는데, 이를 검토하는 것은 이 책의 범위를 벗어난다. 그러나 일반적으로 사용되는 도구로는 DSM-5에 대한 구조화된 임상면담도구[SCID-5](First et al., 2016), 환자 건강 설문지[PHQ](Kroenke & Spitzer, 2002), 벡 우울척도-II[BDI-II](Beck, Steer, & Brown, 1996), 미네소타 다면적 성격 검사-2-재구성판[MMPI-2-Restructured Form](Ben-Porath & Tellegen, 2011)이 있다. 임상가는 항상 적절하게, 사용하고자 하는 방식에 따라 추가적인 평가 방법을 선택해야 한다.

평가를 수행하는 동안, WET를 제공할 때 발생할 수 있는 잠재적인 문제와 최상의 치료 과정을 결정하는 데 도움이 될 수 있는 여러 가지 현재의 증상 또한 평가해야 한다.

사례 개념화 및 치료 계획에 영향을 미칠 수 있는 요인

트라우마 형태

사람들은 트라우마를 일으킬 수 있는 다양한 사건을 살아가면서 경험할 수 있다. 예를 들어, 전투 참가, 성폭력, 자동차 사고는 모두 잠재적으로 실제 죽음 또는 위협적인 죽음, 심각한 부상 또는 성폭력에 대한 노출을 고려한 기준 A에 해당한다. 그러나, 이러한 다양한 사건의 생존자 사이에서 특정 PTSD 증상이 두드러질 수 있는 정도는 사례 개념화와 치료 계획에 중요한 의미를 가질 수 있다. 예를 들어, 생존자의 죄책감은 전투 참전 용사에게 두드러질 수 있고, 해리 증상은 성폭력 피해자에게 더 잘 나타날 수 있으며, 운전에 대한 조건화된 공포는 자동차 사고 생존자에게 심각한 문제가 될 수 있다. 이러한 PTSD 환자 개인의 개별적이며 다양한 측면은 사례 개념화 및 내담자가 WET 프로토콜의 쓰기 회기에 어떻게 반응할 수 있는지, 또는 쓰기 작성 중에 내담자가 집중해야 하는 트라우마의 특정 측면을 이해하는 데 특히 유용할 수 있다.

현재까지 WET가 다른 트라우마 유형의 생존자에 비해 특정 유형의 트라우마 생존자에게서 더 효과적이라는 증거는 없다(Marx, Sloan, Lee, & Resick, 2017). WET를 사용하는 과정에서 우리는 WET가 다중 노출(예: 아동기 성적 학대, 군사 전투)과 관련된 트라우마를 포함하여 다양한 트라우마 노출을 가진 사람에게도 동일한 효과가 있다는 것을 관찰했다. 6장의 사례 연구가 설명하듯이, WET는 해리 증상이 있는 내담자와 죄책감이 두드러진 특징으로 나타나는 내담자의 경우에도 성공적으로 진행되었다.

발달 요인

연령에 대한 치료 효과에 대한 근거가 없음에도 불구하고(예: Foa, Keane, Friedman, & Cohen, 2008), 연령 변수는 사례 개념화 및 치료 계획에 중요하다. 10세 때 발생한 아동기 성적 학대에 대한 이차적인 PTSD 치료를 받으려는 30세 성인은 20세 때 발생한 성폭행에 대한 치료를 받으려는 40세 성인과는 매우 다르게 반응할 가능성이 높다. 두 경우 모두 트라우마 사건 이후 20년이 지났다. 그러나 10세에 피해를 입은 사람은 추정상 최소한 초기에는 발달적으로 아동에게 적합한 전략을 사용한 반면, 20세에 피해자가 된 사람은 아마도 발달적으로 젊은 성인에게 적절한 전략을 사용하여 대처했을 것이다. 그러한 발달 요인은 각 개인이 처음에 트라우마를 처리하는 방식, 계속해서 트라우마를 경험하는 방식(예: 특정 해리 증상), 그리고 쓰기 회기 동안 그 일에 대해 쓰는 방식에 상당한 영향을 미칠 수 있다.

또한 트라우마 노출 이후의 기간은 일어난 일의 일부 세부사항을 기억하는 관점과 관련이 있을 수 있다. 트라우마 경험에서 중심적인 기억은 일반적으로 온전하게 남아 있고, 트라우마 기억들이 일상의 기억보다 더 강렬한 경향이 있음에도 불구하고, 트라우마 생존자들은 트라우마 경험의 지엽적인 것, 종종 중요하지 않은 세부사항을 잊어버리는 일은 꽤 흔하다. 이러한 덜 중요한 세부사항에 대한 기억력 저하를 트라우마를 상기시키는 일을 회피하는 것과 혼동해서는 안 되며, 임상가는 어떤 세부사항이 가장 트라우마와 관련성이 있어서 쓰기 회기의 초점이 되어야 하고, 어떤 세부사항이 쓰기 과정에 덜 중요한지 판단하기 위해 내담자와 협력해야 한다. WET 프로토콜은 개인이 사건의 이러한 필수 세부사항을 기억하고, 치료자에게 서면으로 제공할 수 있도록 요구한다. 내담자가 사건이 발생한 정확한 날짜와 시간, 참석했던 다른 사람의 이름, 또는 경험 직후에 일어난 일처럼 덜 중요한 세부사항 중 일부를 기억하지 못하는 경우는 괜찮다. 때로는 세부사항을 잊어버리는 것이 트라우마를 상기시키는 일을 피하기 위한 내담자의 적극적인 시도를 나타낼 수도 있다. 이러한 경우 주의 깊고 철저한 평가는 내담자가 트라우마의 중요한 측면을 상기하는 데 도움이 될 수 있다. 신중한 평가 후에도 내담자가 계속해서 기억력 저하를 겪는 경우, 우리는 내담자가 경험에 대해 쓸 때 이러한 공백이 종종 채워지는 경우를 관찰했다. 글을 쓰는 동안 채워진, 이전에는 기억하지 못했던 세부사항이 얼마나 정확한지는 임상가와 내담자 모두에게 불분명할 수 있다. 그러나 임상가는 이를 지나치게 걱정해서는 안 된다. 우리는 내담자들이 일반적으로 추후 제공하는 세부사항의 정확성에 대한 우려보다 이러한 세부사항을 기억할 수 없다는 사실에 더 괴로워하며, 단순히 기억 공백을 막을 수 있다는 점에서 약간의 안도감을 경험하는 것을 관찰했다. 임상가는 새롭게 상기된 세부사항의 정확성에 반하여 이 기억의 공백을 막음으로

써 제공되는 완화의 이점을 평가해야 한다.

문화적 고려사항

PTSD를 평가하는 데 사용되는 방법의 일반화 가능성은 평가 환경 및 내담자 특성에 대한 몇 가지 특징에 따라 달라진다. 문화, 언어, 인종, 나이 및 성별은 구조화된 면담과 자기보고식 평가의 결과를 사용하고 해석하는 데 영향을 미칠 수 있는 요인이다. PTSD의 유무를 식별하는 데 이러한 변수에 대한 주의는 필수적이다.

우리는 임상가가 척도를 선택할 때 PTSD에 대한 평가도구가 검증된 표본 집단을 고려할 것을 권장한다. 트라우마 사건 관련 민족문화에 특화된 반응에 대한 기록 때문에 문화적으로 민감한 도구를 개발할 필요성이 수년 동안 큰 관심을 받아왔다. 예를 들어, 연구자들은 트라우마 사건 이후 백인과 소수 민족에서 보고된 PTSD 증상의 위험성과 심각성에 대한 차이를 입증하는 증거를 제시했다(Alcántara, Casement, & Lewis-Fernández, 2013; Roberts, Gilman, Breslau, Breslau, & Koenen, 2011). 게다가, 전 세계적으로 PTSD의 유병률에 상당한 차이가 있다. 분쟁에서 회복 중인 유사한 저소득 국가와 개발도상국(트라우마 노출 및 취약성 요인의 비율이 높음)에서도 PTSD 비율은 매우 다양한데(de Jong et al., 2001), 이는 PTSD 평가도구의 개발 및 사용에서 고유한 상황적 요인을 고려하는 것이 중요함을 시사한다.

현재까지 PTSD에 대한 근거기반심리평가는 주로 서구, 선진국 및 산업화된 국가의 맥락에서 발전해 왔다. 따라서, PTSD 평가는 문화적으로 민감한 척도의 부족과 관심 있는 문화집단 간의 엄청난 다양성으로 인해 제한될 수 있다(Marques, Robinaugh, LeBlanc, & Hinton, 2011). 그러나, 문화적인 요소에 민감한 평가도구를 개발하는 데 진전이 있었다. 예를 들어 CAPS는 문화적으로 다른 집단 사이에서 매우 성공적으로 연구되어 왔다(예: Charney & Keane, 2007).

WET 적합성을 판단하기 위해 평가 자료 이용하기

내담자의 PTSD 증상이 치료의 초점이 되어야 한다고 결정한 후, 임상가는 평가 중에 얻은 추가 자료를 주의 깊게 검토하여 WET가 치료에 적절한 과정인지 결정해야 한다. 이전에 언급했듯이, 우리는 기억이 없거나 사건에 대한 일부 빈약한 세부사항만 남은 트라우마(예: 기억은 없지만 타인의 보고로 인해 일어난 트라우마만 인식하는 초기 아동기의 트라우마)를 경험한 내담자에게는 WET를 사용하지 않을 것을 권장한다. 전체 트라우마의 일부에 대해 의식이 없는 내담자의 경우(예: 두부 외상으로 인한 의식 소실, 물질로 인한 블랙아웃), 임상가는 WET를 사용하여 기억하는 사건의 부분에 집중할 수 있다. 앞서 언급한 바와 같이, 이러한 기억 공백이 특히 트라우마 기억의 만성적인 회피에 의해 생성된 것이라면, 내담자들이 글쓰기로 기억을 회상하면서 기억 공백을 채우는 것이 드문 일이 아니다.

다른 트라우마 초점치료 지침과 동일하게 가정 폭력처럼 트라우마의 위험이 계속 진행될 가능성이 있는 경우 WET를 권장하지 않는다. 이러한 상황에서는 먼저 내담자의 안전을 보장하는 것이 더 중요하다. 내담자가 위험에서 벗어난 후 치료를 시작할 수 있다.

또한 우리는 트라우마 기억에 직면하는 것에 강한 거리낌을 표현한 내담자들에게 WET를 사용하는 일에 신중할 것이다. 그러한 경우, 임상가는 내담자에게 공감해야 하고, 꺼리는 마음을 이해하고 있음을 보여주고, 기억을 계속 피하는 것이 내담자의 고통만 지속시킬 뿐인 이유와 WET 프로토콜에 기술된 방식으로 기억을 대면하는 것이 궁극적으로 어떤 도움을 주는지를 설명해야 한다. 내담자가 계속 저항하거나 마지못해 동의하지만 처음 몇 번의 치료 회기 동안 쓰기 지침을 따르지 않거나(비순응) 치료 회기에 참석하지 않음으로써 회피하는 모습을 보인다면, 임상가와 내담자는 치료 방향을 변경하고 현재중심치료present-centered therapy와 같은 비트라우마 초점치료non–trauma-focused treatment를 시도하는 것이 최선일지 논의해야 한다.

또, 내담자가 임상가의 주 언어로 글을 쓸 수 없는 경우에는 WET를 사용하지 않는 것이 좋다. 임상가는 지침을 따르고 있는지 확인하기 위해 내담자의 트라우마 내러티브를 이해할 수 있어야 한다. 또한, 내담자는 치료가 도움이 되도록 치료 근거와 작성 지침을 이해할 수 있어야 한다.

PTSD가 장애를 유발하는 일차적 문제 혹은 주 진단이 아닌 경우, 일차적 문제 영역을 목표로 하는 치료를 고려해야 한다. 일차적 문제가 해결된 후에도 PTSD가 장애를 유발한다는 보고를 내담자가 계속한다면 다시 WET를 고려할 수 있다. 마찬가지로, WET는 내담자가 PTSD 진단에 타당한 DSM-5 또는 ICD 진단 기준의 전부가 아닌 일부를 가지고 있는 경우에도 도움이 될 수 있다. 실제로 부분적(또는 하위) PTSD를 가진 사람들은 중재로부터 이득을 얻을 수 있는 심각한 고통과 장애를 경험한다. WET는 그 간결함 때문에 그러한 사람들에게 이상적인 치료법이 될 수 있다.

자살 생각, 물질남용, 우울증, Axis II 장애 또는 복합 PTSD가 동시에 있는 내담자에게 트라우마 초점치료가 제공되면 안 된다는 증거는 없으며(De Jongh et al., 2016; Gradus, Suvak, Wisco, Marx, & Resick, 2013; van Minnen, Harned, Zoellner, & Mills, 2012), 이것은 WET의 경우에도 마찬가지이다. 흔히 일어나는 동반이환 상태는 PTSD의 존재에 의해 유발될 수 있다. 따라서 PTSD를 치료하면, 이러한 동반질환 또한 치료할 수 있다(van Minnen, Zoellner, Harned, & Mills, 2015). 그러나 이전에 언급한 것처럼 내담자가 심각한 약물사용장애가 있거나 활동성 정신병을 앓고 있다면 WET를 시작하기 전에 이 문제를 먼저 해결해야 한다. 내담자의 상태가 안정된 다음 WET를 시행할 수 있다. 마찬가지로, 내담자가 자살 위험이 크거나 타인에게 위험한 상태라고 판단되면 입원이나 적절한 위험관리계획을 세워서 이러한 문제를 먼저 다루어야 한다(Bryan et al., 2018).

또한, 해리 증상이 있다고 해서 임상가가 WET 사용을 자동으로 단념해서는 안 된다. 그러나 해리 증상이 PTSD 증상보다 심하고 더 많은 간섭을 유발하는 경우, 해리 증상 또는 해리장애의 치료를 PTSD 치료보다 우선해야 한다.

WET 사용 중 평가

일단 임상가가 내담자에게 PTSD가 있다고 판단하고 그 장애를 치료하기 위해 WET를 사용하기로 결정하면, 치료 과정 전반에 걸쳐 증상을 지속적으로 모니터링하는 것이 중요하다. 치료 중 PTSD 증상을 평가함으로써 임상가는 치료 효과를 판단할 수 있다. 임상가는 증상 변화를 모니터링하고, 그 정보를 사용하여 내담자에게 치료 진행에 대한 추가 피드백을 제공할 수 있기 때문에 매주 PTSD 증상을 평가하는 것이 이상적이다. PCL-5처럼 내담자에게 과도한 부담을 주지 않는 간단한 자기보고식 평가는 매주 치료 진행 상황을 모니터링하는 데 이상적이다.

또한 치료 중 평가는 임상가가 내담자의 참여 수준을 측정하는 데 도움이 될 수 있다. WET를 받는 내담자는 종종 첫 번째 쓰기 회기 후에 가벼운 증상 악화를 보고하는데, 우리는 일반적으로 이러한 가벼운 악화를 치료 참여의 증거로 본다. 내담자가 WET의 첫 번째 회기 동안 증상의 증가를 나타내지 않는 데에는 몇 가지 설명이 있을 수 있다. 한 가지 가능한 설명은 내담자가 치료에 완전히 관여 혹은 참여하지 않았다는 것일 수 있는데, 이는 환자가 너무 고통스럽거나(예: 억지로 회피) 해리 또는 다른 억제 과정으로 인해 참여할 수 없기 때문이다. 내담자가 실제로 관심을 가지고 관여하지 않는 경우, 이는 임상가에게 중요한 정보이다. 이 정보는 치료 중 수행되는 평가를 통해서만 수집할 수 있다.

치료 중 PTSD에 대한 평가 외에도 치료 회기 중 고통 평가도 중요한 정보를 줄 수 있다. 예를 들어, 우리는 일반적으로 주관적 고통 점수Subjective Units of Distress Scale[SUDS](Wolpe, 1958)를 사용하여 WET 회기 중 내러티브 쓰기 전후에 내담자의 참여 및 고통 수준을 평가한다. 대부분의 경우 SUDS는 개인이 현재 경험 중인 장애나 고통의 주관적 강도를 측정하기 위한 0에서 100까지의 척도다. WET 프로토콜 내에서 사용할 때는 내담자가 임상가로부터 각 쓰기 회기의 시작과 끝에 SUDS 평점을 제출하라는 요청을 받는다. 다음 장에서 설명하겠지만, 첫 번째 WET 회기에서 마지막 WET 회기까지 진행되며 SUDS 평점이 상당히 감소하는 것은 성공적인 PTSD 치료 결과(즉, PTSD 증상의 상당한 감소)와 유의하게 관련 있다.

치료 종료 시 평가

치료 종료 시 결과 평가는 치료 전에서 치료 후까지의 진단적 변화를 다시 평가하고, 나머지 문제 영역을 식별하도록 임상가와 내담자에게 충분히 진행되어야 한다. 이상적으로는 임상가와 내담자는 반복하여 증상의 빈도와 중증도의 변화 정도를 알기 위해 치료를 시작하기 전에 시행한 초기 진단평가를 반복하여야 한다. 또한 치료 후 평가는 추가 개입이 필요할 수 있는 증상이나 우울증 같은 상태에 대한 정보를 제공할 수 있다. WET 동안 우울증 증상이 현저하게 감소하는 것은 드문 일이 아니며(Thompson-Hollands et al., 2018), 전형적으로 불안과 물질사용 또한 PTSD 치료와 함께 감소한다. 그러나 PTSD의 치료 효과에도 불구하고 상당한 동반이환 증상이 지속되는 경우, 임상가는 다음으로 이 동반이환 부분을 치료 목표로 삼는 것을 고려해야 한다.

요약

우리는 PTSD의 존재와 심각도 및 WET가 적절한 치료 선택인지의 여부, PTSD 평가의 모범적 시행사례를 통합하기 위한 목적으로 PTSD 평가에 대해 논의했다. 또한 우리는 이러한 평가척도의 사용에 있어 임상적 타당성을 강조했다.

진단을 위한 평가와 관련하여, 기준 A처럼 증상과 관련된 사건의 명확한 식별의 중요성을 강조한다. 또한 가능하면 구조화된 또는 반구조화된 진단면담, 특히 CAPS-5처럼 증상의 빈도와 강도를 평가하는 면담도구를 권장한다. 사례 개념화 및 치료 계획의 목적을 위해 정신과적 동반이환 및 기타 잠재적 외상적 사건에 대한 노출을 포함한 상황별 요인에 대한 광범위한 평가는 귀중한 부가정보를 제공한다. 또한 치료 모니터링을 위해 정기적으로 간단한 증상평가를 하고, WET 종료 시 치료가 유익한지와 그 밖의 추가 증상 영역이 치료 목표가 되어야 하는지 여부를 결정하기 위해 반복적인 진단평가를 권장한다.

4 쓰기노출치료의 진행과 특별히 고려할 점들

앞서 설명한 바와 같이 쓰기노출치료[WET]는 5회기 치료다. 첫 번째 회기를 완료하는 데 약 60분이 소요되고, 나머지 4회기에는 각각 약 40분이 소요된다. 치료 프로토콜은 이 책의 부록에 포함되어 있다. 부록의 자료는 WET 진행 시 내담자에게 제공한다. 이 자료에는 각 회기에서 내담자에게 읽어주는 정보가 포함되어 있다. 내담자가 각 회기에 참고할 수 있는 쓰기 지침을 제공하는데, 모든 회기의 자료는 치료를 마친 후 내담자가 사용할 수 있다. 이런 식으로 이 치료는 내담자가 앞으로 필요할 때 사용할 수 있는 대처도구가 될 수 있다. 이 장에서 우리는 각 회기의 구조와 내용을 명확하게 이해하도록 각 회기의 스크립트를 반복하고, 내담자가 스크립트를 읽기 전후로 수행할 작업에 대한 지침을 제공한다. 또한 이 장은 치료법을 제시하는 방법과 치료법을 시행할

http://dx.doi.org/10.1037/0000139-005

Written Exposure Therapy for PTSD: A Brief Treatment Approach for Mental Health Professionals, by D. M. Sloan and B. P. Marx

Copyright © 2019 by the American Psychological Association. All rights reserved.

때 발생할 수 있는 잠재적인 문제를 관리하는 방법에 대한 가이드도 제공한다.

치료의 구조

각 회기에 수행할 세부내용을 설명하기 전에, 치료의 구조에 대해 전반적인 정보를 제공하는 일은 매우 중요하다.

내담자에게 스크립트 내용 그대로 지침 읽어주기

2장에서 설명한 것처럼 WET는 수년간의 엄격한 연구 개발의 산물이다. 이 작업들은 치료 프로토콜을 전달하기 위해 매우 정확하고 최적화된 방법으로 이어졌다. 따라서 각 쓰기 회기에 대한 지침을 내담자에게 그대로 읽어주는 것이 중요하다. 지침을 변경하거나 바꾸어서는 안 된다. WET가 의도된 방식으로 전달되도록 보장하는 것 외에도 지침을 그대로 읽으면 모든 사람이 동일한 표준화된 방식으로 치료를 받을 수 있다. 절차를 따르면 성공 가능성이 커진다. 그러나 내담자를 구체적으로 이해시키도록 문구를 약간 수정할 수는 있다. 예를 들어 임상가는, "트라우마 사건"이라고 언급하는 대신 내담자가 치료의 초점으로 파악한 특정 사건(예: 성폭행, 자동차 사고)을 언급해야 한다. 이와 유사하게, 사건과 관련된 광경과 소리를 묘사할 때 임상가는 스크립트의 일반적인 예보다는 내담자가 트라우마 경험과 관련하여 묘사한 예를 사용해야 한다.

각 회기의 쓰기 시간인 30분을 모두 채우는 일의 중요성

임상가는 쓰기 지침에 따라 쓰기에 완전히 몰두하고, 글쓰기에 할당된 30분을 다 채워 글을 쓸 때 쓰기노출이 가장 효과적이라는 점을 강조해야 한다. 내담자가 쓰기 시간이 끝나기 전에 쓰기 과제를 완료한 경우에는 내러티브narrative를 처음부터 다시 쓰기 시작해야 함을 상기시켜야 한다. 종종 사람들은 글을 계속 써가면서 트라우마에 대해 더 자세한 내용을 떠올리고, 30분이 예상보다 빨리 지나갔다고 말한다. 그렇더라도 주어진 30분 전에 글쓰기를 멈출 이유는 없다. 또한 글을 쓰는 동안 휴식은 허용되지 않으며, 내담자에게 모든 개인 전자제품(예: 휴대폰, 스마트워치, 태블릿, 노트북)을 끄고 주의를 산만하게 하는 모든 요소(예: 글을 쓰는 동안 음악 듣기)를 제거하도록 지시한다. 트라우마 내러티브에 전념하여 전체 30분 동안 글쓰기에 완전히 집중하는 것을 목표로 해야 한다.

내러티브 쓰기 환경

WET 효과성 연구를 할 때, 우리는 내담자가 방에 혼자 남아 글을 쓰도록 했다. 그러나 일부 임상환경에서 이것이 불가능하거나 허용되지 않는 경우도 많다. 그러한 경우에는 내담자가 쓰기를 하는 동안 임상가가 방에 함께 남아있는 것은 전적으로 허용된다. 이는 내담자가 쓰기 도중 휴대폰을 확인하거나, 헤드폰을 쓰고 음악을 듣거나, 할당된 30분 전에 글쓰기를 중단하지 않도록 하여 내담자가 쓰기에 완전히 집중하는 데 도움이 될 수 있다. 그러나 임상가가 방에 남아 있는 경우 내담자는 임상가와 대화하기 위해 글쓰기를 멈추지 않도록 지시해야 한다. 치료자는 내담자가 글을 쓰는 동안 서류 작업이나 기타 활동으로 바쁘고, 조용히 일하기 위해 내담자에게 등을 돌릴 것임을 내담자에게 알릴 수 있다. 임상가는 내담자의 주의를 산만하게 할 수 있는 소음(예: 컴퓨터 키보드 사용)을 만들지 않도록 주의한다. 요점은 임상가가 방에 남아 있더라도 내담자가 쓰기에 완전히 집중해야 한다는 점을 강조하는 것이다.

이상적으로는 내담자가 글을 쓸 책상이나 테이블이 있어야 한다. 클립보드로도 충분하다. 또한 내담자에게 여러 장의 줄노트와 펜을 제공해야 한다. 임상가는 시간을 재야 하며, 내담자가 글을 쓰는 동안 시간을 확인하지 않도록 내담자에게도 이 점을 알린다.

회기의 간격

표현적 쓰기에 대한 초기 작업에서 우리는 참가자들이 며칠간 연속으로 글을 쓰도록 요구하는 페니베이커Pennebaker와 빌Beall(1986)의 프로토콜을 따랐다. 연구 참가자들에게는 이 일정이 적합했지만, 이 접근 방식은 내담자가 일주일에 한 번 50분 동안 치료자와 만나는 일반적인 임상치료와는 다르다. 따라서 우리는 회기를 주마다 시행하여 모든 WET 효과성 연구를 수행했다. 지금까지의 작업에 따르면 WET를 사용하는 치료자는 내담자와 매주 또는 훨씬 더 빈번한 회기(예: 일주일에 두 번)의 맥락에서 WET를 사용하는 것이 좋다. 덜 빈번한 WET 회기는 증상 변화가 일어나기 위한 최적의 조건을 제공하지 않을 수 있다. 임상가는 또한 내담자에게 정기적인 회기 참석의 중요성을 강조해야 한다. 취소 및 불참은 치료 기간을 연장하고 억제학습을 방해한다. 내담자가 회기 일정을 변경해야 한다면, 5주 안에 WET를 완료할 수 있도록 최대한 빠른 시일 내(같은 주 내)에 회기를 진행해야 한다. 일반적으로 외상후 스트레스장애[PTSD] 트라우마 초점치료는 내담자가 정기적으로 치료 회기에 참석할 때 가장 효과적이다(Gutner, Suvak, Sloan, & Resick, 2016).

트라우마 사건 선택

3장에서 설명한 대로 PTSD 증상의 원인(즉, 대표 트라우마 사건)은 평가 과정에서 PTSD 증상의 중증도와 함께 확인한다. 내담자에게 증상과 관련된 명확하고 분명히 구별되는 사건이 있는 경우, 모든 쓰기 회기 동안 그 특정 경험에 대해 쓰도록 지시한다. 트라우마 생존자들은 하나 이상의 트라우마에 노출되어 있으며, 어린 시절의 성적 학대나 전투와 같은 일부 트라우마는 오랜 기간 발생하고, 이 기간 중에서도 특정 몇몇 경험이 특히 더 힘들 수 있다. 그러한 경우 PTSD 증상은 몇몇 다른 사건들과도 관련될 수 있으며, 내담자가 어떤 경험이 가장 힘든지 결정할 수 없기 때문에 쓰기에 집중할 특정 사건을 선택하는 일이 어려울 수 있다(예: "그것들은 모두 나빴어"). 그러한 경우 임상가는 내담자와 긴밀하고 부지런히 협력하여 쓰기에 집중할 특정 경험을 선택해야 한다. 이는 우리의 이전 연구에서 개인이 각 쓰기 회기 동안 동일한 특정 경험에 대해 쓸 때 WET의 효과가 가장 크다는 것을 보여주었기 때문이다.

특정 사건을 선택하기 위해 내담자는 자신에게 가장 고통을 주거나 회피증상과 가장 밀접하게 관련된 경험에 대해 생각해야 한다(즉, 가장 자주 회피하려고 하는 사건 또는 사건을 떠올리게 하는 것을 피하려는 시도에도 불구하고 가장 회피하기 어려운 사건). 내담자가 두드러진 단일 사건은 없지만 대신 몇몇의 사건이 두드러진다고 보고하는 경우, 임상가는 이러한 사건 중 특히 하나에 대한 기억이 명확한지 여부를 확인하여 사건을 선택한다. 여러 사건이 똑같이 생생한 경우 그중 하나를 선택할 수 있다. 또한 나중에 진행할 쓰기 회기에서 일련의 사건에 대해 더 광범위하게 쓸 기회를 갖게 될 것이라고 내담자들을 안심시켜야 한다.

고통 정도 측정하기

3장에서 설명한 대로, 우리는 내담자가 글을 쓰기 직전과 쓰기가 끝나고 즉시 다시 주관적 고통 점수[SUDS](Wolpe, 1958)를 사용하여 내담자의 불편함을 평가한다. 내담자의 고통 수준을 수치화하는 것은 내담자가 각 쓰기 회기 전에 얼마나 불안해하는지, 쓰기 회기 동안에 얼마나 참여하는지, WET 회기 동안 고통 수준이 떨어지는지 여부를 측정하는 데 도움이 된다. 내담자의 고통은 0에서 100까지의 척도로 평가되며, 0은 너무 편안해서 잠이 들 수 있을 정도로 고통이 전혀 없음을, 100은 평생 동안 느껴본 가장 힘든 고통을 나타낸다. 임상가가 SUDS 점수와 첫 번째 회기에서 점수를 측정하는 방법을 설명하여 내담자가 자신의 고통에 대해 가능한 한 최선의 추정치를 측정하도록 하는 것이 중요하다. 첫 번째 쓰기 회기 전후로 높은 SUDS 점수가 부여되는 것은 드문 일이 아니며, 높은 SUDS 점수는 두 번째 및 세 번째 회기를 완료한 후에도 계속 보고될 수 있다.

첫 번째 쓰기 회기의 시작 시 SUDS 점수가 높은 것은 염려하지 않아도 된다. 그러한 높은 점수는 일반적으로 트라우마 기억에 처음으로 직면하기 전에 예상되는 불안감을 반영한다. 쓰기가 시작될 때의 SUDS

점수는 2회기 시작 시까지 높은 수준을 유지할 수 있지만, 5회기 전반에 걸쳐 점진적인 하락이 관찰되어야 한다. 우리는 내러티브 쓰기 이후에 이어지는 확인면담check-in에 대해 설명할 때, SUDS 점수를 가장 잘 활용하는 방법에 대해 논의할 것이다.

1회기 시행

내담자가 치료 방향에 맞게 치료를 받도록 하기 위해 치료자가 지침을 스크립트 그대로 읽어줄 것임을 미리 알리는 것이 도움이 된다. 치료자는 먼저 PTSD의 증상, PTSD 증상이 어떻게 지속되는지, 트라우마 경험에 대해 쓰는 것이 PTSD 치료에 유익한 이유에 대한 몇 가지 일반적인 정보를 제공할 것임을 알린다. 다음의 내용을 내담자에게 소리 내어 읽어주어야 한다.

> 트라우마 생존자는 종종 트라우마 경험의 여파로 신체적 반응과 감정, 생각 및 행동의 변화를 겪습니다.
>
> 신체적 반응 변화의 예로는 피로감, 메스꺼움(토할 것 같은 느낌), 발한 또는 오한, 쇼크, 현기증, 흉통, 호흡곤란, 무감각이 포함될 수 있습니다.
>
> 감정적 변화의 예로는 긴장감, 두려움, 슬픔, 우울감, 절망, 무력감, 분노, 과민하고 예민한 느낌, 압도되는 느낌, 죄책감, 취약함(쉽게 영향받고 상처받는 상태) 등이 포함될 수 있습니다.

생각의 변화의 예로는 미래가 단절될 것 같다는 생각, 결정을 내리는 것이 어려움, 혼란스러운 느낌, 기억력 저하, 집중력 저하, '플래시백' 혹은 트라우마 경험이 다시 생생하게 떠오름, 악몽, 거슬리거나 반갑지 않은 생각, 한 번에 너무 많은 생각이 듦, 자살에 대한 생각, 기억의 단절 등이 포함될 수 있습니다.

행동 변화의 예로는 깜짝 놀람, 과잉경계, 타인으로부터 고립되려 함, 타인에게 지나치게 의존, 식욕과 수면의 변화, 물질남용(알코올, 약물) 증가, 정서적 또는 신체적 친밀감 문제, 아무도 믿지 못하거나 사랑의 감정을 갖지 못함, 감정이 없는 느낌, 영성 상실, 위험을 감수하는 행동들, 자살충동 및 행동이 있습니다.

사람마다 이러한 반응을 경험하는 방식이 다를 수 있습니다. 일부는 매우 익숙할 수 있지만, 일부는 그렇지 않을 수 있습니다. 이러한 반응의 대부분은 트라우마 생존자의 일상의 일부가 되어 특이한 일처럼 느껴지지 않는 듯 보입니다. 트라우마 사건 이후에 위의 증상들 중 얼마나 많은 것을 경험했는지 잠시 생각해 보십시오. 비슷한 증상들이 있으신가요?

내담자에 대한 질문은 내담자가 치료자가 말하는 것에 주의를 기울이고 있고 설명된 내용을 이해하고 있는지 내담자와 함께 확인하기 위한 목적으로 시행한다. 치료자는 내담자가 경험한 증상에 대해 내담자와 기나긴 토론에 빠져서는 안 된다.

그런 다음 치료자는 내담자에게 다음 내용을 읽어준다.

생존자가 자신의 트라우마 증상에 대처하려고 시도하는 방식도 일상생활에 영향을 미칩니다. 트라우마 생존자가 트라우마에 대한 생각과 기억이 계속 떠오를 때, 물질(알코올 또는 약물)을 사용하거나, 일 중독자가 되거나, 다른 사람과 거리를 두거나, 분노와 공격적인 행동을 함으로써 주의를 분산시키거나 현재 상황에서 트라우마를 상기시키는 모든 것을 없애려고 할 수 있습니다. 이러한 전략은 트라우마 생존자에게 단기적인 해결책을 제공할 수는 있지만, 장기적으로는 여러 이유로 문제가 될 수 있습니다. 다시 말해, 때로는 트라우마 사건에 대한 반응을 치료하거나 대처하려는 생존자의 시도는 그 자체로 문제가 될 수 있습니다 .

중요한 것은, 트라우마가 아닌 스트레스를 다루는 데 사용할 수 있었던 접근 방식(치료 및 개입)은 트라우마를 다루는 데 효과적이지 않다는 것입니다. 사람들은 때때로 트라우마 생존자들에게 "그것을 잊어버리고" 스스로의 삶을 살아가라고 말할 것입니다. 이러한 접근 방식은 여러 다른 상황에서는 잘 적용될 수 있지만, 대개 트라우마 사건은 쉽게 잊히지 않습니다.

이 조언이 효과가 없는 이유 중 하나는 트라우마로 경험한 사건이 단순 스트레스 사건과는 다르게 기억되기 때문입니다. 트라우마 기억은 트라우마의 완전한 영향을 다시 경험하지 못하도록 보호하기 위해 쪼개진 방식으로 저장될 수 있습니다. 결과적으로 생존자들은 트라우마를 둘러싼 시간 중 많은 부분들을 기억하지 못할 수도 있습니다. 또는 과거의 트라우마에 대한 세부사항을 기억하되 이러한 기억에 아무런 감정이 없을 수도 있습니다. 원인이 무엇인지도 모른 채 압도적인 불안이나 두려움을 경험할 수도 있습니다. 특정 상황은 이전의 트라우마에 대한 "플래시백"을 촉발시킬 수 있으며, 생존자들은 실제로 과거의 일을 다시 겪고 있다고 느낄 수 있습니다.

트라우마 사건으로부터 성공적으로 회복하기 위해서는, 당신이 그 경험에 대해 가능한 한 많은 세부사항과 감정을 반복해서 이야기함으로써 그 경험에 직면하는 것이 중요합니다. 반복적으로 사건을 떠올림으로써 쪼개진 방식으로 저장된 기억을 수정할 수 있습니다. 또한 경험을 이야기하면 기억이 당신을 통제하는 것처럼 느끼기보다 당신 자신이 기억을 더 잘 통제하는 것처럼 느끼게 될 것입니다. 다음 몇 번의 회기에 걸쳐 트라우마 경험에 대해 글을 쓰면서 트라우마 경험을 반복적으로 이야기할 것입니다.

내담자에게 트라우마에 대한 일반적인 정보와 트라우마에 직면하는 일의 중요성을 교육한 후, 치료자는 제시된 정보가 내담자에게 해당되는지 확인하고 질문시간을 가진다. 그런 다음 치료자는 쓰기에 대한 전반적인 지시사항과 1회기에 대한 특정 지침을 소리 내어 읽어준다.

다음 다섯 회기에 걸쳐 당신의 트라우마에 대해 적어주시기 바랍니다. 맞춤법이나 문법은 걱정하지 마십시오. 트라우마의 구체적인 내용을 지금 기억나는 대로 작성해 보십시오. 예를 들어 트라우마 사건이 어떻게 일어났는지, 다른 사람들이 관련되었는지 여부 등입니다. 트라우마의 세부사항에 대해 글을 쓸 때, 어떤 일이 일어났는지, 트라우마 당시에 당신이 무엇을 느끼고 생각했는지를 구체적으로 쓰는 것이 중요합니다. 구체적인 내용을 가능한 한 상세히 설명하십시오. 트라우마에 대한 가장 깊은 감정과 생각을 풀어놓고 탐구하는 것도 중요합니다. 또한, 앞으로 다섯 회기 동안 이 경험에 대해 작성할 것이므로 오늘 회기 내에서 트라우마에 대한 설명을 완료해야 한다고 염려하실 필요가 없습니다. 가능한 한 트라우마에 대해 자세히 설명하고 트라우마 도중과 그 직후의 자신의 생각과 감정을 기억나는 대로 작성하십시오.

첫 번째 글쓰기 회기에서는 트라우마에 대해 처음부터 쓰셨으면 합니다. 예를 들어, 트라우마가 곧 일어날 것이라는 것을 깨달은 순간부터 시작할 수 있습니다. 트라우마를 설명할 때 기억할 수 있는 한 많은 구체적인 세부사항을 작성하는 것이 중요합니다. 예를 들어, 내가 본 것(예: 다가오는 차의 헤드라이트, 다가오는 사람), 들은 것(예: 자동차 경적 소리, 급정거하는 타이어 소리, 위협하는 사람의 목소리, 폭발음), 또는 냄새(예: 피, 불타는 고무)에 대해 써볼 수 있습니다. 트라우마의 세부사항에 대해 쓰는 것 외에도, 트라우마 경험 당시의 생각과 느낌을 지금 기억하는 대로 써야 합니다. 예를 들어, "나는 죽겠구나", "이럴 순 없어" 또는 "폭행을 당할 것 같다"는 생각을 했을 수 있습니다. 또는 겁이 나거나, 두려움에 얼어붙거나, 그 일과 관련된 다른 사람에게 화가 났을 수도 있습니다.

이 회기에서 전체 트라우마에 대해 다 쓸 필요는 없습니다. 가능한 한 자세하게 트라우마에 대해 쓰는 데 집중하고 트라우마 도중과 직후에 경험한 생각과 느낌을 포함하여 작성하십시오. 기억하셔야 할 점은 그 트라우마가 실제로 다시 일어나지 않는다는 것입니다. 당신은 그저 지금 그것을 되돌아보면서 이야기하는 것일 뿐입니다.

쓰기 지침을 제공한 후 치료자는 내담자가 지침을 잘 이해했는지 확인하고, 내담자가 무엇에 대해 쓸 것인지(즉, 초점을 맞출 특정 사건)를 분명히 해야 한다. 필요한 경우 쓰기 회기 동안 내담자가 참조할 수 있도록 방금 읽은 자료를 내담자에게 제공한다. 내담자가 지침을 잘 이해했다고 확신하면 치료자는 내담자에게 쓰기 시간은 30분이며, 전체 30분을 모두 쓰기에 사용해야 함과 치료자가 시간을 재고 종료 시간을 알려줄 것임을 알린다. 내담자가 쓰기를 완료한 뒤로 시간이 남는다면, 처음부터 다시 시작하여 쓰기를 반복해야 한다. 이제 치료자는 내담자에게 현재 상태에 대한 SUDS 점수를 확인한 다음, 30분 쓰기 시작을 알린다.

쓰기를 완료한 후

30분이 경과한 후 치료자는 내담자에게 쓰기를 중단할 것을 지시한다. 내담자가 문장의 중간까지 썼다면 해당 문장은 끝낼 수 있어야 한다. 이 시점에서 치료자는 내담자가 그 순간에 어떻게 느끼는지에 대한 SUDS 점수를 받아야 한다.

그런 다음 치료자는 쓰기가 어떻게 진행되었는지 등 쓰기 회기에 대해 내담자와 확인check-in하는 시간을 갖는다. 이 토론은 트라우마 경험의 세부사항이나 트라우마 사건을 다시 떠올리게 하는 것보다 간결해야 하며, 쓰기에 참여한 경험에만 초점을 맞추는 것이 매우 중요하다(예: 글을 쓸 때 어떤 느낌이 들었는지, 어려웠거나 힘들었던 점은 무엇인지, 내담자가 예상했던 것보다 더 많은 부분을 기억해 냈는지). 내담자가 자신이 쓴 것을 이야기하게 하는 것은 이미 내러티브 쓰기를 통해 노출이 이루어졌기 때문에 피해야 한다. 특히 내담자가 치료자에게 트라우마 기억을 구두로 이야기하게 하는 것은 상당한 시간을 필요로 할 것이고, 잠재적으로 내담자가 회기를 잘 끝내기보다는 고통스럽게 느끼게 할 것이다. 대략적인 가이드로써, 이 확인면담에는 10분 이상이 걸리지 않는 것이 좋다. 확인면담이 10분 이상 걸린다면, 치료자가 쓰기 회기에 대해 확인하는 것 이상의 작업을 하고 있을 가능성이 크다.

내담자가 쓰기 이후에 높은 SUDS 점수를 보고한다면(쓰기 시작 전에 보고된 점수보다 더 높을 수 있음), 치료자는 첫 번째, 어쩌면 두 번째 회기 이후까지도 높은 점수를 보고하는 것이 정상임을 조언해야 한다. 그러나 쓰기 회기가 모두 끝나면 SUDS 점수는 낮아질 것으로 예상된다. 낮은 SUDS 점수가 보고되면 치료자는 점수가 낮은 이유를 알아내야 한다. 이것은 내담자가 뒤로 물러나서 전체 내용을 작성하지 않았다는 신호일 수 있다. 예를 들어, 내담자는 사건 자체에 대해 쓰는 대신 트라우마 경험에 대한 주변 세부사항을 작성했을 수도 있다.

치료자는 회기 중에 내러티브를 읽어서는 안 되며, 회기가 종료되고 내담자가 면담실을 떠날 때까지 기다린다. 우리는 두 번째 회기에 대한 지침을 설명할 때 트라우마 내러티브 내용으로 돌아갈 것이다.

확인면담이 완료된 후 치료자는 다음 내용을 이용하여 첫 번째 회기를 종료한다.

> 이번 주 동안에는 방금 쓴 트라우마에 대한 생각, 이미지, 감정이 많이 떠오를 것입니다. 이것들이 무엇이든 간에 밀어내려고 하기보다 스스로 이러한 생각, 이미지 및 감정들을 받아들이는 것이 중요합니다. 떠오르는 생각, 느낌, 이미지가 무엇이든 스스로 받아들일 수 있게 시도해 보십시오.

이 내용의 목표는 내담자가 트라우마 기억을 둘러싼 생각, 이미지 및 감정을 피하지 않도록 상기시키는 것이다.

증상 악화 가능성에 대해 준비시키기

3장에서 설명한 것처럼 WET 과정 동안, 특히 처음 몇 회기에서 PTSD 증상이 증가하는 소견은 드문 일이 아니다. 1회기가 끝나면 내담자에게 트라우마 기억을 피하기 위해 두 번째, 어쩌면 세 번째 회기를 하고 싶지 않은 마음이 드는 것이 이상한 일이 아니라는 점을 알려주어야 한다. 내담자가 트라우마에 대해 생각하는 데 더 많은 시간을 보내기 때문에 치료 초기에 PTSD 증상의 증가를 경험하는 일은 드물지 않다. 그러나 일반적으로 내담자는 치료 과정에서 트라우마 기억에 직면하는 것이 더 쉬워지고, PTSD 증상의 초기 증가 후에 증상 심각도의 상당한 감소가 뒤따름을 알게 된다. 실제로 증상의 증가는 내담자가 치료에 몰두하며 트라우마 기억에 대해 생각한다는 신호이기 때문에 치료가 잘되는 중이라는 신호로 볼 수 있다. 트라우마 기억에 맞서는 일의 중요성을 설명하기 위해 회피행동과 이와 유사한 사례에 대해 내담자와 이야기하는 방법의 예로써 다음 네모 칸의 내용을 제공할 수 있다. 회피에 대한 정보는 WET 프로토콜의 일부가 아니기 때문에 이 정보는 내담자에게 제공되는 지침에 포함되지 않고, 부록에도 포함되지 않았다.

회피는 회복을 방해하는 PTSD의 매우 흔한 증상입니다. 치료에서 회피가 나타날 수 있는 한 가지 방식은 회기 참석을 피하는 것입니다. 특히 증상이 아직 감소하기 시작하지 않은 치료 초기에는 더욱 그렇습니다. 이다음 주에 다음 회기에 오고 싶지 않은 충동이 생길 수 있습니다. 하지만, 다음 회기에 참석하는 일은 매우 중요합니다. 처음 몇 번의 치료 회기에서 증상의 증가를 경험하는 것이 일반적이지만, 실제로는 당신의 내면이 덜 회피하고 있다는 증거이기 때문에 치료에 효과가 있다는 신호로 볼 수 있습니다.

이러한 점은 다음과 유사합니다. (다음 두 가지 예 중 하나 선택)

[예 1] 운동. 오랫동안 운동을 하지 않으면 처음에는 많이 아플 것입니다. 그러나 이 통증을 이겨내고 규칙적으로 운동을 계속하면 통증이 사라지고 근육이 강화되기 시작할 것입니다. 처음 운동을 하고 나서 몸이 아프고 재미없다고 그만두면 강해지지 않을 뿐만 아니라, 며칠 동안 자신에게 아무런 혜택도 없는 괴로운 몸살만 앓게 됩니다. 평가에 참여하고 오늘의 첫 번째 회기에 참석함으로써 처음 몇 가지 운동을 완료했다면, 결과적으로 증상이나 통증이 증가할 수 있습니다. 근육통을 열심히 운동하고 있다는 좋은 신호로 보듯이 이를 긍정적인 신호로 생각하기 위해 최선을 다하십시오. 이제 이 치료의 진정한 이점을 얻을 수 있도록 통증을 극복해야 할 때입니다.

[예 2] 부작용이 있는 약물을 복용하는 것. 종종 약물 복용을 시작한 처음 며칠 또는 몇 주 동안에는 부작용은 가장 강하게 느끼면서도, 아직 실제적인 효과는 얻지 못할 때가 있습니다. 만약 그 기간 동안 약물을 중단하면 원하는 만큼 약물의 도움을 받지 못할 뿐 아니라, 아무런 효과를 보지 못하면서 며칠 또는 몇 주 동안 부작용에 시달리게 됩니다. 평가에 참여하고 오늘의 첫 번째 회기에 참석하는 것은 처음 며칠 동안 약물을 복용하고, 결과적으로 증상이나 부작용이 증가할 수 있는 것과 같습니다. 약물 부작용이 약물을 정기

적으로 복용하고 있다는 좋은 신호인 것처럼 이것을 나쁜 징후나 문제로 생각하지 않도록 최선을 다하십시오. 이제 이 치료의 진정한 이점을 얻을 수 있도록 이러한 증상을 극복해야 할 때입니다.

2회기

회기 준비 및 트라우마 내러티브 리뷰

2회기가 시작되기 전에 치료자는 첫 번째 회기의 트라우마 내러티브를 읽어야 한다. 내러티브를 통해 평가해야 할 몇 가지 중요사항이 있다. 첫째, 내담자가 쓰기 지침을 따랐는지 평가한다. 일반적으로 지침에서 벗어나는 지점 중 하나가 내담자가 사건의 세부사항은 쓰지만 자신의 생각과 감정에 대해서는 쓰지 않는다는 것이다. 그러한 경우 치료자는 다음 회기에서 내담자에게 사건의 세부사항은 잘 작성되었지만 그의 생각과 감정은 거의 언급되지 않았다고 알려줄 수 있다. 내담자가 다음 쓰기 회기에서 사건에 대한 생각과 느낌을 쓰는 데 집중하도록 권장해야 한다. 첫 번째 회기에서 쓰기 지침에서 벗어나는 또 다른 예는 내담자가 트라우마 자체에 대해 쓰는 대신 트라우마에 이르게 한 일에 대해 쓰는 데 모든 시간은 아니더라도 대부분의 시간을 소비한다는 것이다. 때때로 내담자는 30분이 끝날 때쯤 트라우마에 대해 쓰기 시작한다. 이런 일이 발생하면 치료자가 쓰기를 끝내고 내담자의 SUDS 점수를 요청하기 위해 방에 들어갈 때 내담자는 매우 과각성된 상태일 수 있다. 이것은 내담자가 쓰기 종료 시 SUDS가 높은 이유를 설명할 수 있다. 이런 경우에는 쓰기를 중단하라는 요청을 받았을 때 트라우마의 시작점에 대해 막 쓰기 시작했기 때문에 SUDS 점수가 높은 것은 당연하다고 내담자에게 설명해야 한다. 치료자는 2회기에서 내담자에게 트라우마가 시작된 시점에서부터 쓰기를 시작하도록 지시하고, 이후에 사건이 전개되는 과정의 세부사항에 대해 작성해야 한다고 안내한다.

트라우마 내러티브에서 평가되어야 할 두 번째 측면은 내담자가 치료자와 논의한 트라우마에 대해 썼고, 그 사건에 대해 쓰는 데 집중한 정도다. 내담자는 때때로 합의된 것과 다른 트라우마에 대해 쓸 수 있다. 이런 일이 발생하면 치료자는 왜 다른 트라우마에 대해 썼는지 물어봐야 한다. 내담자가 자신이 쓴 사건이 이전에 치료자와 논의한 사건보다 더 힘들고 큰 고통을 야기했다는 것을 깨달았기 때문에 다른 트라우마에 대해 썼다면 나머지 회기 동안 이 사건에 대해 계속 쓰는 것이 좋다. 그러나 내담자에게 앞으로 계속 동일한 사건에 집중해야 함을 상기시켜야 한다. 내담자가 쓰기가 더 쉽거나 덜 고통스러울 것이라고 생각하여 다른 사건을 선택한 경우, 치료자는 더 고통스러운 사건에 대해 쓰도록 권장한다. 가장 고통스러운 사건에 대해 쓰는 것이 최상의 치료 결과로 이어진다는 것을 내담자에게 상기시켜야 한다. 내담자가 덜 고통스러운 트라우마에 대한 글을 쓴다면 많은 이득을 얻지 못할 것이다. 사건을 되살리는 것이 아니라 단순히 트라우마 기억에 대해 글을 쓰고 있음을 상기시키는 것은 일반적으로 트라우마 기억에 직면하는 것에 대한 내담자의 불안을 줄이는 데 도움이 된다.

트라우마 내러티브에서 평가되어야 할 세 번째 측면은 글의 분량이다. 글의 분량은 내담자와 회기마다 크게 다르다. 즉, 내담자가 각 회기 당 적어도 여러 단락의 내러티브를 작성하는 것이 일반적인 분량이다. 내담자가 몇 문장 또는 한 단락만 작성했다면 치료자는 내러티브가 얼마나 짧은지 설명하고 좀 더 작성하도록 요청한다. 내담자의 응답에서 치료자는 내담자가 트라우마에 대해 생각하지 않으려고 글을 많이 쓰지 않았는지 평가해야 한다. 그럴 가능성이 있는 경우 치료자는 트라우마 기억과 반복적으로 직면해야만 하는 근거를 다시 설명하고, 그러한 반복적 직면이 증상 감소를 위해 필요하다고 설명한다. 회피 패턴이 2회기와 3회기까지 계속되면 치료자는 WET 프로토콜을 계속 진행하는 것이 합리적인지의 여부에 대해 내담자와 솔직한 논의를 해야 한다. 내담자가 그것을 준수할 의사가 없거나 준수할 수 없을 때 치료 프로토콜을 계속 진행하는 것은 의미가 없다. 이러한 경우에는 치료에 효과가 없다는 인상을 주면서 5회기를 완료하는 것보다 치료를 중단하는 것이 좋다.

2회기 시행

2회기에 대한 지침은 회기를 수행하기 전에 인쇄해 둔다. 2회기 시작 전 치료자는 내담자에게 지난 회기 이후에 어떠했는지 물어봐야 한다. 치료자는 내담자가 트라우마에 대해 생각하는 데 얼마나 많은 시간을 소비했는지 평가하기 위해 질문을 한다. 치료자는 또한 내담자가 생각을 밀어내려고 하기보다 트라우마에 대해 생각할 수 있었는지 물어봐야 한다.

이 시점에서 치료자는 내담자에게 첫 번째 트라우마 내러티브에 대한 피드백을 제공해야 한다. 피드백에는 내러티브 쓰기를 개선할 수 있는 방법에 대한 의견 외에도 긍정적인 의견을 포함하는 것이 중요하다. 일반적으로 이전에 논의한 바와 같이, 첫 번째 회기 동안 트라우마에 대해 쓴 방법을 개선할 몇 가지 방법이 있다. 피드백을 제공한 후 치료자는 2회기 쓰기를 위해 다음 지침을 그대로 읽는다.

> 오늘은 트라우마에 대해 기억나는 대로 계속해서 글을 쓰시길 바랍니다. 지난 1회기에서 트라우마를 완전히 설명하지 못했다고 생각되면 중단한 부분부터 다시 시작할 수 있습니다. 지난 회기에서 트라우마 사건에 대한 글을 다 쓰신 경우에는 전체 트라우마에 대해 다시 써주십시오. 트라우마를 설명하는 동안 가장 깊은 감정(예: 두려움, 충격, 슬픔, 분노)과 생각(예: "정말 이런 일이 일어나고 있는 거야?", "나는 죽을 거야")을 깊이 파헤치셨으면 합니다. 또한 트라우마의 세부사항에 대해 작성해야 함을 잊지 마십시오. 즉, 환경, 관련된 사람들, 그리고 당신이 보고 듣고 느꼈던 것을 묘사해 보십시오. 기억해야 할 점은 현재 당신은 그저 트라우마를 되돌아보면서 쓰고 있다는 것입니다.

치료자는 내담자에게 지침을 잘 이해했는지 물어보고 현재 심리적 고통에 대한 SUDS 점수를 요청한다. 내담자에게 치료자가 시간을 잴 것이고 언제 쓰기를 멈출 것인지 알려줄 것임을 상기시켜 준다. 이 지침을 전달한 후 치료자는 내담자에게 쓰기를 시작하도록 한다.

쓰기를 완료한 후

30분이 경과한 후 치료자는 내담자에게 시간이 다 되었음을 알리고 쓰기를 중지시킨다. 첫 번째 회기와 마찬가지로 내담자는 중단하기 전에 문장을 완성할 수 있어야 한다.

이 시점에서 치료자는 내담자에게 현재의 심리적 고통에 대한 SUDS 점수를 확인한다. 다음으로, 치료자는 내담자에게 이번 회기 동안의 쓰기 경험에 대해 질문한다. 내담자가 할 말이 많지 않다면, 치료자는 탐색적 질문을 해야 한다(예를 들어, 쓰기가 첫 번째 회기보다 두 번째 회기에서 더 쉬웠는지, 시간이 빠르게 혹은 느리게 지나가는 것처럼 느껴졌는지, 또는 내담자가 지난 회기보다도 더 자세한 내용을 기억했는지 여부). 치료자는 또한 내담자가 이전 트라우마 내러티브에 대한 피드백을 이번에 얼마나 잘 적용했는지에 대해 질문한다. 예를 들어 내담자가 이전 회기의 쓰기에는 포함하지 않았던 생각과 감정에 초점을 맞춰 쓰도록 구체적인 피드백을 받은 경우, 치료자는 이러한 내용이 이번 내러티브에 포함되었는지를 물어야 한다.

확인면담이 끝나면 치료자는 내담자로부터 내러티브를 수거하고, 다음 회기를 예약한 후, 다음 내용을 언급하며 회기를 종료한다.

🔊

첫 번째 회기의 마지막에 말씀드렸듯이, 다가오는 한 주 동안 트라우마에 대한 생각과 느낌, 그리고 시각적인 이미지가 떠오를 것입니다. 이러한 생각, 감정, 이미지들을 밀어내려고 하기보다는 그것들이 무엇이든지 간에 떠오르도록 허락하는 것이 중요합니다. 떠오르는 생각, 느낌, 이미지가 무엇이든 스스로 받아들일 수 있게 시도해 보십시오.

3회기

3회기 준비

3회기를 위한 준비는 2회기와 동일하다. 치료자는 3회기 이전에 트라우마 내러티브를 읽고 내담자가 지시를 얼마나 잘 따랐는지를 평가해야 한다. 1회기 내러티브에 대한 피드백을 통해 2회기에서 교정하도록 한 내용에 대해서도 모두 평가한다. 일부 수정이 이루어졌지만 여전히 추가적인 개선이 필요한 경우, 내담자에게 추가 피드백을 제공한다. 예를 들어, 내담자가 두 번째 회기에서 생각과 감정에 대해 썼지만 그것이 몇 번밖에 안 된다면, 치료자는 내담자가 자신의 생각과 감정을 글에 포함시켰다 하더라도 생각과 감정에 대해 더 작성할 필요가 있다는 것을 알아야 한다.

3회기 시행

3회기와 2회기 지침의 중요한 차이점은 3회기에서는 내담자에게 트라우마에 대한 설명을 계속 쓰는 것 외에도 트라우마의 영향에 대해 쓰도록 한다는 것이다. 그러나 내담자가 처음 두 회기에서 자세한 트라우마 설명을 작성하지 않은 경우에는 3회기에 대한 지침을 변경해야 한다. 내담자에게 트라우마 당시에 경험한 생각과 감정에 초점을 맞추어 트라우마를 자세히 설명해 작성하도록 요청한다. 다시 말해, 1회기와 2회기에 지시에 따라 적절한 작업을 수행하지 않은 내담자에게 3회기에서 그 사건이 자신의 삶에 미친 영향에 대해 쓰도록 요청해서는 안 된다.

이전 회기와 마찬가지로 치료자는 내담자가 이전 회기 이후 어떻게 지내왔는지 물어보면서 회기를 시작한다. 이 일반적인 확인면담은 수 분 이내로 제한한다. 그런 다음 치료자는 지난 회기의 내러티브에 대한 피드백을 제공해야 한다. 그런 다음 세 번째 회기에 대한 다음 지침을 내담자에게 읽어준다.

오늘도 트라우마 사건에 대해 생각나는 대로 계속해서 글을 쓰기를 바랍니다. 당신이 경험한 전체적인 트라우마에 대한 글을 다 쓴 경우에는, 처음부터 그 트라우마에 대해 다시 쓰거나 가장 힘들었던 부분을 선택해 그 경험의 특정 부분에 집중해 글을 쓸 수 있습니다. 또한 트라우마 경험이 당신의 삶을 어떻게 바꾸었는지에 대해서도 써보려고 합니다. 예를 들어, 트라우마로 인해 당신이 삶을 바라보는 방식, 삶의 의미, 다른 사람들과 관계를 맺는 방식이 바뀌었는지 여부에 대해서 쓸 수 있습니다. 글을 쓰는 동안, 자신의 가장 깊은 생각과 감정이 흐르는 그대로 작성해 보길 바랍니다.

내담자에게 이 지침을 읽어준 후 치료자는 이 회기의 지침에 대해 질문이 있는지 물어봐야 한다. 치료자는 내담자에게 30분 동안 쓰기를 해야 하며, 치료자는 시간을 기록하고 30분이 경과하면 알려줄 것임을 다시 상기시켜야 한다. 내담자에게 SUDS 점수를 요청한 다음 쓰기를 시작하도록 한다.

쓰기를 완료한 후

30분이 지나면 내담자에게 쓰기를 중지하라는 메시지를 준다. 치료자는 그 순간 내담자의 느낌에 대한 SUDS 점수를 요청한다. 치료 프로토콜의 이 시점에서는 내담자가 SUDS 점수의 감소를 경험해야 한다. 만약 SUDS 점수가 감소했다면 치료자는 내담자에게 그 점을 지적해주어야 한다. SUDS 점수가 아직 많이 감소하지 않았다면 치료자는 3회기를 반복하는 것을 고려해야 한다. 치료자는 진행 과정 중에서 누락된 부분이 있을 가능성에 대해서도 탐색해야 한다(예: 내담자가 작성 지침을 따르지 않으면서 나타나는 회피).

SUDS 점수에 따라 치료자는 내담자에게 쓰기 회기가 어떻게 진행되었는지 물어봐야 한다. WET 프로토콜의 이 시점에서, 일반적으로 우리는 처음 두 회기보다 확인면담에 더 적은 시간이 걸린다는 것을 발견한다. 내담자가 치료에 완전히 참여하고, 지침을 따르고, 회기 간의 트라우마 사건에 대한 생각과 감정을 피하지 않은 경우에는 특히 그러하다. 확인면담이 완료된 후 치료자는 내러티브를 수집한다. 치료자가 다음 내용을 읽어주며 3회기를 마무리한다.

> 앞서 말씀드린 바와 같이, 다가오는 한 주 동안 트라우마에 대한 생각과 느낌, 그리고 시각적인 이미지가 떠오르게 될 것입니다. 이러한 생각, 감정, 이미지들을 밀어내려고 하기보다는 그것들이 무엇이든지 간에 자신에게 허락하는 것이 중요합니다. 떠오르는 생각, 느낌, 이미지가 무엇이든 스스로 받아들일 수 있도록 시도해 보십시오.

4회기

4회기 준비

치료의 이 시점에서 치료자에게는 WET 회기를 준비하는 루틴이 있어야 한다. 이전 회기와 마찬가지로 4회기에 앞서 이전 회기의 내러티브를 검토하여 내담자가 지침을 준수했는지 확인한다. 앞서 3회기에서 언급한 바와 같이, 내담자가 치료 중 이 시점까지 작성 지침을 일관되게 따르지 않으면 치료가 성공적이지 못할 것이며, 치료자는 회기를 종료하는 것에 대해 이야기해야 한다. 그러나, 만약 내담자가 일반적으로 지침을 따르고 있지만 생각과 감정에 대해 많이 쓰고 있지 않는 것 같다면, 치료 회기는 진행되어야 한다. 치료가 진전된다고 가정할 때, 치료자가 지침을 읽어주고, 내담자가 내러티브 쓰기를 할 때도 참조할 수 있도록 회기 전에 미리 지침을 인쇄한다.

4회기 시행

회기가 시작될 때 치료자는 내담자에게 지난 회기 이후 일주일이 어떠했는지 다시 물어봐야 한다. 이 시기에 우리는 종종 내담자가 이전에 회피했던 장소나 활동에 직면한다고 보고하기 시작하는 것을 관찰한다. 예를 들어, 외식을 기피했던 내담자는 지난 회기 이후로 사랑하는 사람과 저녁식사를 하러 다녀왔다고 보고할 수 있다. 지난 회기 이후의 시간에 대해 내담자와 이야기한 후 3회기의 내러티브에 대해 내담자에게 피드백을 제공한다. 치료의 이 시점에서 대부분의 내담자는 지침을 매우 순조롭게 따른다. 내담자가 이전 회기에서 지침에 따라 회기를 훌륭하게 수행했음을 간단하게 설명해야 한다. 그런 다음 치료자는 4회기에 대한 다음 지침을 제공한다.

오늘도 트라우마에 대해 계속 써주시길 바랍니다. 지난 회기에서 작성한 글과 마찬가지로 트라우마의 특정 부분을 선택하여 쓸 수 있습니다. 즉, 당신이 가장 힘들어했던 트라우마의 부분이 될 수 있습니다. 오늘은 트라우마 사건이 당신의 삶을 어떻게 변화시켰는지에 대해서도 적어주시기를 바랍니다. 트라우마가 당신의 삶을 바라보는 방식, 삶의 의미, 다른 사람들과의 관계를 어떻게 바뀌게 하였는지에 대해 글을 쓸 수 있습니다. 글을 쓰는 동안, 자신의 가장 깊은 생각과 감정이 흐르는 그대로 작성해 보길 바랍니다.

이러한 지침을 제공한 후 치료자는 내담자가 회기 지침에 대해 질문할 것이 있는지 물어봐야 한다. 치료자는 내담자에게 30분 동안 작성해야 하며, 치료자가 시간을 재고 작성을 중단할 시기를 알려줄 것임을 다시 상기시킨다. 내담자에게 현재 SUDS를 묻고, 작성을 시작하도록 지시한다.

쓰기를 완료한 후

30분이 지나면 쓰기를 중지하라는 메시지를 준다. 치료자는 그 순간 내담자의 감정에 대한 SUDS 점수를 요청해야 한다. SUDS 점수는 계속 감소되어야 하고, 치료자는 이를 내담자에게 알려주어야 한다. 아직 SUDS 점수가 눈에 띄게 감소하지 않았다면 이유를 조사해야 한다. 이전 회기와 동일하게 치료자는 진행 과정에서의 누락된 부분에 대한 가능성을 탐색해야 한다.

SUDS 점수에 따라 치료자는 내담자에게 쓰기 회기에 대해 질문해야 한다. 이전 회기와 마찬가지로, 우리는 일반적으로 이 논의가 치료의 이 단계에서 상당히 간략해졌다는 것을 알게 된다. 확인면담이 완료된 후 치료자는 내러티브를 수집해야 하며, 회기 종료를 위해 다음 내용을 그대로 읽어준다.

🔈

앞서 말씀드린 바와 같이, 다가오는 한 주 동안 트라우마에 대한 생각과 느낌, 그리고 시각적인 이미지가 떠오르게 될 것입니다. 이러한 생각, 감정, 그리고 이미지들을 밀어내려고 하기보다는 그것들이 무엇이든지 간에 자신에게 허락하는 것이 중요합니다. 떠오르는 생각, 느낌, 이미지가 무엇이든 스스로 받아들일 수 있도록 시도해 보십시오.

치료자는 다음 회기가 마지막 쓰기 회기가 될 것임을 내담자에게 상기시킨다.

5회기

5회기 준비

치료 프로토콜의 마지막 회기다. 내담자에게 피드백을 제공하기 위해 이전 회기의 내러티브를 검토해야 한다. 그러나 일반적으로 치료의 이 시점에서 피드백을 제공하지는 않는다. 마지막 회기에 대한 지침은 내담자가 어떻게 앞으로 나아갈지에 대한 계획을 써보면서 글을 "마무리" 하라는 요청을 받는다는 점에서 이전 회기와 다르다. 5회기에 대한 지침을 인쇄하여 내담자에게 읽어주어야 한다. 모든 회기와 마찬가지로 지침의 인쇄물을 내담자에게 제공한다.

5회기 시행

회기가 시작될 때 치료자는 지난 회기 이후의 시간에 대한 추적관찰을 다시 내담자에게 질문해야 한다. 내담자는 일반적으로 치료의 이 시점에서 지침을 잘 따르고 쓰기에 완전히 참여하기 때문에 우리는 일반적으로 지난 시간의 내러티브에 대해 긍정적인 피드백을 제공한다. 그런 다음 치료자는 내담자에게 이것이 마지막 쓰기 회기임을 상기시키고 회기에 대한 다음 지침을 계속 읽는다.

> 오늘은 마지막 시간입니다. 트라우마 사건과 관련된 당신의 감정과 생각, 그리고 이 사건이 당신의 삶을 어떻게 변화시켰다고 생각하는지에 관해 계속 쓰십시오. 오늘은 쓰기의 마지막 날이므로 글쓰기를 마무리해 볼 수 있습니다. 예를 들어, 트라우마 경험이 현재와 미래의 삶과 어떤 관련이 있는지 써 볼 수 있습니다. 다른 회기와 마찬가지로 회기 내내 당신의 깊은 감정과 생각을 자세히 들여다보는 것이 중요합니다.

지침이 제공된 후 치료자는 질문이 있는지 물어보고 작성 시간이 30분이며 치료자가 시간을 재고 작성 중단 시점을 알려줄 것임을 다시 내담자에게 상기시켜야 한다. 지금 순간의 내담자의 감정에 대한 SUDS 점수를 확인한 다음 쓰기를 시작하도록 한다.

쓰기를 완료한 후

30분이 지나면 쓰기를 중지하라는 메시지를 준다. 치료자는 내담자로부터 SUDS 점수를 확인한 다음 쓰기 회기에 대해 물어봐야 한다. 이것이 마지막 회기라는 점을 감안할 때, 치료자는 내담자가 치료가 유익했다고 느끼는지, 추가 치료가 필요하다고 느끼는지에 대해 전반적으로 묻는다. 또, 내담자에게 트라우마 경험에 대처하는 방법을 배웠다는 사실을 상기시켜야 한다. 이는 추후 PTSD 증상이 나타날 때 내담자가 이 증상에 대처하는 데 사용할 기술을 배운 것과 같다. 또한 치료자는 향후 참고할 수 있도록 치료 과정 전반에 걸친 모든 지침을 내담자에게 제공했음을 알려야 한다.

내담자가 여전히 PTSD 증상이 남아 있다고 생각한다면 몇 가지 옵션을 논의해야 한다. 한 가지 옵션은 WET를 계속 수행하는 것이다. 내담자는 다른 트라우마 사건과 함께 쓰기 회기를 다시 하는 것이 도움이 되거나, 5번의 회기가 치료의 초점이었던 트라우마 사건을 다루기에 충분하지 않았다고 느낄 수 있다. 이는 치료의 첫 번째 또는 두 번째 회기에서 지침을 따르지 않았을 때(사건에 대해 직접 작성하기보다는 사건의 주변적인 세부사항에 대해 작성하거나 트라우마 사건을 변경함), 발생할 가능성이 가장 높다. 두 번째 옵션은 PTSD에 대한 다른 근거기반치료를 이용하는 것이다. 지속노출치료 또한 주로 상상노출에 초점을 맞춘다. 인지처리치료는 주로 트라우마 관련 인지를 다루는 치료이기 때문에 WET 다음으로 좋은 두 번째 치료 옵션이 될 수 있다.

또, 일부 내담자는 WET를 완료하면서 PTSD 증상의 상당한 감소를 경험했지만, 우울증, 약물남용, 감정조절장애와 같은 치료가 필요한 다른 증상이 있다고 보고한다. 이러한 경우 그 문제에 가장 적합한 근거기반치료를 고려해야 한다.

5 쓰기노출치료 시행에 대한 자주 묻는 질문들

WET 프로토콜 교육 과정에서 많은 질문이 제기되었다. 다음은 여러 번 받은 질문 목록과 이에 대한 답변이다. 이러한 질문의 중심이 되는 대부분의 시나리오는 일반적이지 않지만, WET 및 PTSD에 대한 많은 근거기반치료를 제공하는 동안 때때로 발생할 수 있다. 일부 질문은 이전 장에서 이미 해결되었겠지만, 자주 묻는 포괄적인 질문의 목록을 제공하기 위해 이 장에 포함시켰다.

Q 내담자가 자신의 쓰기 능력이나 손글씨의 가독성에 우려를 보이면 어떻게 하는가?

내담자가 자신이 글을 잘 못 쓴다고 생각하여 우려를 표할 때는 글의 질이 중요하지 않다는 점을 강조해야 한다. 쓰기의 목표는 트라

---

http://dx.doi.org/10.1037/0000139-006

Written Exposure Therapy for PTSD: A Brief Treatment Approach for Mental Health Professionals, by D. M. Sloan and B. P. Marx

Copyright © 2019 by the American Psychological Association. All rights reserved.

우마 기억에 맞서는 것이다. 문법, 문장 구조, 맞춤법은 중요하지 않다. 내담자가 내러티브의 질로 자신이 판단되지 않을 것임을 확신할 수 있어야 한다. 손글씨의 가독성에 대해 우려를 표하는 내담자에게도 글의 이러한 측면이 중요하지 않다는 점을 다시 확인시켜 주어야 한다. 치료자는 지침을 따랐는지 확인하기 위해 텍스트를 읽을 수 있어야 하는데, 손글씨가 해독하기 어려운 경우에는 언제나 내담자와 함께 무엇을 썼는지 확인할 수 있다.

Q 글을 쓸 수 없는 신체적 조건을 가진 내담자의 경우 어떻게 하는가?

내담자가 손의 부상이나 심각한 시각장애(예: 시각장애인) 때문에 글을 쓰기 힘들 수 있다. 손으로 글을 쓸 수 없는 내담자를 위해 쓰기 대신 이야기를 할 수 있는 디지털 녹음기를 제공했고, 이러한 방식이 적절함을 확인했다. 내담자가 손글씨의 가독성에 대한 우려나 손글씨에 대한 일반적인 우려(타이핑을 할 때와 반대되는)를 표명할 때는 이 방법을 사용하지 않았다. 예를 들어, 일부 내담자는 트라우마 내러티브를 손으로 쓰는 것보다 타이핑하는 것이 더 편하다고 말할 수 있다. 이전 장에서 언급했듯이, 우리는 손으로 쓰는 방법이 사건을 다시 설명하는 과정을 느리게 하고 내담자가 사건에 대해 더 많은 세부사항, 생각 및 감정을 기억하게 하기 때문에 최적의 방법임을 발견했다. 내러티브를 타이핑하는 것은 문제가 될 수 있다. 타이핑이 빠른 사람은 상상노출이 빠른 속도로 진행될 것이다. 반면에 타이핑 속도가 느린 내담자는 타이핑 과정을 통해 인지적으로 산만

해질 수 있다.

Q 내담자가 30분이 끝나기 전에 쓰기를 중단하면 어떻게 하는가?

내담자가 30분이 지나기 전에 방에서 나와 쓰기가 완료되었다고 말한다면 방으로 돌아가서 처음부터 다시 쓰기 시작하도록 부드럽게 요청해야 한다. 마찬가지로 내담자가 쓰기를 중단하고 당신이 돌아올 때까지 방에 앉아만 있었다고 말한다면, 처음부터 다시 시작해야 하고 당신이 돌아와서 멈추라고 지시하기 전까지 계속 써야 한다는 점을 상기시킨다. 내담자가 30분이 되기 전에 쓰기를 중단하면 대체로 내러티브에 충분한 세부사항이 부족하다. 이런 일이 발생하면 다음 쓰기 회기의 시작 전에 그 부분에 대한 피드백을 제공해야 한다.

Q 내담자가 30분 동안 글을 썼다고 주장하지만 내러티브가 매우 짧은 경우 어떻게 하는가?

내러티브가 매우 짧다면 전체 30분 동안 글을 쓰지 않았을 가능성이 크다. 그런 경우에는 내러티브가 짧다고 알리고 전체 시간을 쓰기에 할애했는지 물어야 한다. 내담자가 실제로 30분 동안 글을 썼다고 주장한다면 치료의 이점을 얻기 위해 전체 30분 동안 글을 쓰는 일의 중요성을 반복하여 알려주어야 한다. 치료의 이득을 얻을 가능성을 높이기 위해 내담자들이 다음 쓰기 회기에서 더 자세한 정보를 제공하도록 격려한다.

Q 내담자가 여러 트라우마(예: 전쟁 또는 아동기 학대)를 가지고 있고, 그 결과 쓰기를 시행할 특정 사건 하나를 선택할 수 없는 경우에는 어떻게 하는가?

이러한 고민은 드물지 않으며, 특히 내담자가 아동기 학대와 같은 장기적인 트라우마 사건을 경험했을 때는 더욱 그러하다. 이런 경우에는 특별히 두드러지는 사건이 있는지 물어봐야 한다. 그러한 사건이 없거나 혹은 어느 하나를 선택할 수 없다면 잘 기억하고 있고, 내용을 자세히 작성할 수 있는 사건을 선택하도록 지시한다. 이러한 사건이 여러 개인 경우, 내담자가 하나의 사건을 선택해 집중하도록 지시한다. 모든 쓰기 회기 동안 동일한 사건에 대해 반복해서 쓰는 것이 중요하며, 동일한 트라우마가 있더라도 다른 사건으로 쓰기를 전환하지 않는 것이 중요하다.

Q 내담자가 첫 번째 쓰기 회기부터 쓰기를 시작하지 못하고, 트라우마 사건에 대해 쓸 수 없다고 말한다면 어떻게 하는가?

내담자는 사건에 대해 쓰는 일이 어려울 것이라고 생각할 수 있지만, 우리의 경험에 따르면 이러한 일은 거의 발생하지 않는다. 치료자는 사건에 대해 쓰기가 어려울 수 있다는 점에 공감해 주면서도 대개는 쓰기 시작하면 사건에 대해 잘 쓸 수 있다고 자신감을 갖게 해준다. 또한 사건에 대해 작성하는 것은 트라우마 기억이 침습적으로 나타나는 것과는 달리 기억을 통제하는 것이기 때문에 내담자의 대부분이 일상 속에서 항상 사건에 대해 생각하는 것과는 다르게 느껴질 수 있음을 상기시키는 것이 중요하다.

쓰기를 꺼리는 내담자와 논의하는 시간은 너무 길지 않게 제한해야 한다. 쓰기 시작을 회피하는 방법이 될 수 있기 때문이다. 이에 대해 생각하는 데 더 많은 시간을 할애할수록 그 일을 피하고 싶어질 가능성이 더 커진다. 내담자들이 할 수 있는 최선을 다하도록 격려하며, 당신이 30분 후에 돌아와 쓰기를 중단하도록 알릴 것이라고 상기시켜야 한다.

Q 내담자가 30분 동안 글을 썼지만 쓰는 동안 각성이나 고통을 보고하지 않으면 어떻게 하는가?

회기가 끝나면, 내러티브를 주의 깊게 검토하여 지침을 따르고 사건 자체에 대한 세부사항을 작성했는지 확인한다(사건으로 이어지기까지의 세부사항이나 사건 이후의 세부사항이 아님). 또 다른 가능성은 내담자가 사건과 관련된 강렬한 감정에 직면하고 싶지 않아 PTSD 증상과 가장 밀접하게 관련된 사건에 대해 쓰지 않았을 수도 있다는 것이다. 이 가능성은 6장의 '사례 2'에서 다루었다.

Q 내담자가 치료자와 상의하지 않고 치료 도중에 쓰기 주제를 바꾸면 어떻게 하는가?

쓰기 회기의 주제를 변경하는 일은 회피의 한 형태일 수 있으며, 허용해서는 안 된다. 치료가 노출모델을 기반으로 하기 때문에 내담자가 각 회기 동안 동일한 사건에 대해 작성하는 것이 중요하다. 동일한 자극(즉, 트라우마 기억)에 반복적으로 노출되어야 치료 효과를 얻을 수 있다. 내담자가 첫 번째 쓰기 회기에서 특정 사건을 선택하고 작성했다면, 나머지 회기 동안 동일한 사건에 대해 계속 작성해야 한다.

Q 내담자가 즉각적인 증상 완화를 느끼지 못하면 어떻게 하는가?

내담자가 증상의 변화를 느끼지 못했다고 보고하면 이는 정상적인 것이며 모든 쓰기 회기가 완료될 때까지 아무런 완화를 경험하지 못할 수도 있다고 안심시켜야 한다. 마찬가지로 내담자가 증상의 증가를 보고하면 감소가 되기 전에 증상의 증가를 경험하는 것이 드문 일이 아니라고 안심시킨다. 사실, 단기적이고 일시적인 증상의 증가는 그들이 쓰기에 참여하고 있다는 신호이기 때문에 좋은 징조일 수 있다. 그들이 앞으로의 쓰기 회기(또는 치료 중이나 치료 바깥에서 트라우마를 상기시키는 것)를 피하지 않고 계속 참여하는 한, 증상은 가라앉을 것이다. 일반적으로, 특히 회기 초기에 증상의 증가는 긍정적인 예후 신호다.

Q 피드백을 반복하여 주었는데도 내담자가 집중하지 못하거나 지침을 따르지 못하면 어떻게 하는가?

그러한 상황에서는 무엇이 그들이 집중하는 데 방해가 되는지 물어보아야 한다. 쓰기를 하는 동안 내담자와 함께 방에 있으면 집중력이 향상될 수 있다. 지침을 여러 번 반복하여 알려준 후에도 따르지 않는다면, 내담자가 지침을 따르는 것이 꺼려지는 것일 수도 있다. 우리가 아는 몇 가지 드문 경우에서는 내담자가 치료자의 최선의 시도에도 불구하고 쓰기에 기꺼이 참여하지 않았다. 그러한 경우 치료하고자 하는 그들의 마음에 대해 개방적이고 정직한 대화를 나누는 것이 가장 좋다.

Q 내담자가 자신의 쓰기 내용을 치료자와 공유하고 싶지 않다고 하면 어떻게 하는가?

우리는 수백 명의 개인과 WET를 해왔으며 단 한 명의 내담자도 치료자에게 자신의 내러티브를 공개하지 않으려고 하지 않았다. 사실 우리는 사람들이 자신의 내러티브를 치료자와 공유하기를 원한다는 것을 발견했다. 우리는 쓰기를 완료한 후 내러티브 사본을 요청하는 몇몇 내담자들을 보았으며, 기꺼이 그 요청에 응했다. 그럼에도 불구하고 누군가가 치료자에게 내러티브 서면을 제출하고 싶지 않다고 표시하면 그 의사를 존중해야 한다. 그러나 내담자는 치료자가 다음 회기에서 피드백을 제공할 수 있도록 내러티브를 읽게 해야 한다. 내담자가 내러티브 공유를 강하게 반대할 때는 그 반대 이유를 논의해야 한다.

Q 내담자가 쓰기로 자신을 표현할 수 없다고 주장하면 어떻게 하는가?

유익한 결과로 이어지는 것은 쓰기의 질이 아니라 쓰기를 통해 트라우마 사건에 직면하는 행위 그 자체다. 우리는 초등학교 3학년 때까지만 교육을 받은 내담자와 WET를 완료하고 효과적으로 치료한 적이 있다. 내담자가 자신이 글을 잘 쓰지 못하거나 잘 쓸 수 없다고 우려한다면, 문법, 철자, 쓰기 구조는 중요하지 않다고 안심시켜야 한다. 신체적으로 글을 쓸 수 없는 경우(예: 장애 또는 부상이 있는 경우)라면 디지털 녹음기를 제공하여 글 대신 말로 내러티브를 설명하도록 할 수 있다.

Q 내담자가 첫 번째 또는 두 번째 회기 후에 쓰기를 중단하기로 결정하면 어떻게 하는가?

WET는 환자가 수용해서 잘 견뎌낼 수 있는well-tolerated 치료법이다. 조기치료 중도 탈락률은 모든 연구에서 매우 낮았다(예: 5~10%). 그러나 내담자가 조기에 치료를 종료하려는 경우 추가 회기를 완료하도록 설득해야 한다. 먼저 중단하고 싶은 이유를 물어본다. 그들이 쓰기 시작한 이후 PTSD 증상의 증가를 경험했다고 보고하는 경우(때로는 쓰기 회기에 대한 분노나 사건에 대해 반복적으로 쓰는 것에 대한 거부로 나타날 수 있음), 처음 몇 번의 회기 후에 이러한 증상의 증가는 드문 일이 아님을 알려 안심시킨다. 그 증상들은 쓰기를 지속하면서 줄어들 것이다. 사실 그러한 상황에서 그들이 할 수 있는 최악의 일은 증상이 증가하는 시점에서 치료를 중단하는 것이다. 이것은 트라우마 및 트라우마에 대한 기억을 피해야 한다는 생각을 강화할 뿐이다.

Q 내담자가 트라우마 기억에 대해 너무 많이 생각하게 될까 봐 염려하여 치료 완료를 꺼린다고 말하면 어떻게 하는가?

트라우마에 대해 너무 많이 생각하는 것에 대한 내담자의 우려는 트라우마 초점치료에서 드물지 않다. 역설적이게도 PTSD 환자들은 항상 자신의 트라우마에 대해 생각하지만, 통제되지 않고 방해가 되는 방식으로 생각한다. 치료자는 이 점을 지적하고 트라우마 초점치료가 그 생각을 밀어내기보다 생각하도록 함으로써 트라우마 기억을 더 잘 통제할 기회를 제공한다는 것을 알려야 한다. 트라우마 기억에 직면하면 '기억'이 자신을 고통스럽게 만들지 않을 수 있음을 알게 될 것이다. 또한 내담자들에게 트라우마 사건을 다시 되살리는 것이 아니라 그저 기억해 낼 뿐임을 상기시키는 것도 중요하다.

Q 내담자가 트라우마에 대해 치료자와 심도 있게 이야기할 필요가 있다고 느낀다면(쓰기 전후에 대화를 멈추지 않으려고 한다면) 어떻게 하는가?

회기에서는 쓰기에 집중하도록 해야 한다. (글을 시작하기 전에 말을 하고 싶어 한다면) 내담자에게 쓰기를 시작하는 일이 중요하다는 것을 정중하게 알려준다. 쓰기와 확인면담이 끝난 후에도 내담자가 쓰기나 다른 주제에 대해 계속 이야기한다면, 치료자는 내담자에게 이제 회기를 끝내야 하지만, 다음 쓰기 회기에서 쓰기 후의 소감에 대해 계속 논의할 수 있다고 정중하게 이야기한다.

Q 내담자가 다른 언어를 사용하는 경우에는 어떻게 하는가?

WET는 내담자가 글을 읽고 쓸 수 있는 한 사용할 수 있다. 물론 치료자가 내담자의 모국어(예: 영어)를 이해할 수 있다면 내담자의 모국어를 사용하는 것이 가장 좋다.

Q 내담자가 쓰기를 하는 동안 해리 증상을 보이면 어떻게 하는가?

드물지만 쓰기 중 해리를 보이는 사람이 있다. 이런 일이 발생했을 때 치료자는 다음 회기의 쓰기 시간에 방에 함께 머물러 내담자가 '착지' 상태를 유지할 수 있도록 해보는 것을 제안한다. 또한 치료자는 그라운딩 기법(예: 의자를 꽉 잡기, 발뒤꿈치를 바닥에 누르기)도 제공한다. 글을 쓰는 동안 치료자가 방에 머무는 경우, 치료자는 내담자와 상호작용하지 않을 것임을 반드시 알려야 한다. 방에 머무르는 유일한 목적은 쓰기 중에 내담자가 해리될 가능성을 줄이는 것이다. 다음 장에서는 이러한 상황이 실제 어떻게 다루어졌는지 설명하기 위해 WET 진행 중에 해리된 내담자의 사례를 제시한다.

Q 내담자가 자신이 경험하는 현재 진행 중인 삶의 스트레스 요인에 대한 논의로 회기의 초점을 바꾸고 싶어 하면 어떻게 하는가?

PTSD 진단을 받은 개인은 종종 직업적, 경제적 및 대인관계적 문제를 포함하여 많은 현재 진행 중인 삶의 스트레스 요인을 가지고 있다. 내담자가 WET에 초점을 맞추기보다 주어진 회기 동안 지속적인 삶의 스트레스 요인에 초점을 맞추기를 원하는 것은 드문 일이 아니다. 이러한 상황에서는 만성적인 스트레스 요인에 대한 일반적인 지원을 제공하기보다 WET 회기를 계속 수행하는 것이 가장 좋다. 치료자가 PTSD 증상을 치료함으로써 내담자들에게 최상의 서비스를 제공할 수 있으며, 이는 다시 삶의 스트레스 요인을 더 잘 관리하게 해준다는 점을 상기시키는 것이 도움이 된다. 거주 문제나 경제적 문제와 같은 지속적인 스트레스 요인에 대한 적절한 권고가 이루어질 수 있지만, 초점은 WET 수행에 계속 맞추어야 한다.

6 사례 예시

이 장에서는 내담자와 함께 WET를 시행할 때 일반적으로 발생할 수 있는 일들을 관리하는 방법을 설명하기 위해 WET 치료를 받은 내담자의 몇 가지 사례를 제시한다. 이 장의 사례들은 우리가 다룬 내담자의 사례를 합친 것이다. 내담자의 개인정보보호를 위해 성명과 인구통계학적 정보는 변경하였다.

[사례 1] 여러개의 트라우마 사건을 겪은 경우

PTSD 환자 중 한 번 이상의 트라우마 경험에 노출되었거나, 어린 시절의 성적 또는 신체적 학대, 전쟁 트라우마 또는 가정 폭력과 같은 반복

http://dx.doi.org/10.1037/0000139-007

Written Exposure Therapy for PTSD: A Brief Treatment Approach for Mental Health Professionals, by D. M. Sloan and B. P. Marx

Copyright © 2019 by the American Psychological Association. All rights reserved.

적인 트라우마 사건으로 구성된 다중 트라우마multiple trauma events를 겪거나(De Jongh et al., 2016), 경계성성격장애(Harned, Rizvi, & Linehan, 2010)와 같은 성격장애를 진단받는 사례는 매우 흔하다. 일부 임상가는 이러한 트라우마 과거력 및 증상 프로파일을 가진 내담자에게 WET를 사용하는 것이 적절하지 않다고 생각할 수 있지만, 우리에게는 이러한 내담자를 성공적으로 치료한 사례가 있다.

로버트는 50대 백인 남성 군인으로 어린 시절의 신체적 학대와 관련된 PTSD 치료를 위해 왔다. 로버트는 외상후 스트레스장애, 우울증, 경계성성격장애, 호전된 상태인 알코올 의존 등 다양한 정신질환 진단을 받았다. 그는 또한 인지처리치료의 전체 과정, 지속노출치료의 일부 과정, 물질남용치료에 대한 두 번의 치료시설 입소(최소 체류 30일), 우울증에 대한 최소 한 번의 외래치료 과정, 그리고 여러 번의 외래를 통한 기술훈련 과정을 포함하는 광범위한 치료 이력을 가지고 있었다. 전형적으로, 로버트는 다른 그룹 구성원들과 어울리고 그룹 규칙(예: 꾸준한 출석)을 따르는 데 어려움이 있었기 때문에 치료 그룹에서 탈락했다. 로버트는 정신과적 치료를 방해하는 수많은 지속적인 생활 스트레스 요인(예: 대인관계 스트레스 요인, 업무 스트레스 요인)을 가지고 있었다.

우리는 내담자가 여러 트라우마 사건을 경험했을 경우 내러티브로 집중해서 쓸 특정 트라우마 사건을 어떻게 선택할 수 있는지, PTSD 치료의 맥락에서 만성적 일상 스트레스 요인을 어떻게 관리할 수 있는지, PTSD 치료 과거력이 있고 감정 조절에 어려움을 가지는 내담자를 효과적으로 치료하기 위해 WET를 어떻게 이용할 수 있는지를 이 사례를 통해 설명하려고 한다.

로버트의 첫 면담은 치료 목표를 논의하고, PTSD 증상을 평가하고, 치료 계획을 결정하는 데 사용되었다. 로버트는 DSM-5에 근거한 PTSD 체크리스트 척도[PCL-5](Weathers, Litz et al., 2013)에서 56점을 받아 PTSD 진단의 가능성과 높은 PTSD 증상 중증도를 나타냈다. 치료자와 로버트는 이전에 인지처리치료와 지속노출치료를 완료하지 못했기 때문에 WET 과정에 참여하는 데 동의했다. 또한, 로버트는 집보다는 진료실에서 내러티브 쓰기를 진행하는 것을 선호했고, 트라우마 사건에 대해 쓰는 것이 치료자에게 소리 내어 이야기하는 것보다 더 도움이 될 것이라고 말했다. 그리고 다음 회기부터 WET를 시작할 것을 논의한 후 다음 일정을 잡았다.

첫 번째 회기는 치료자가 로버트에게 쓰기의 초점이 될 아동 학대의 특정 에피소드를 이야기하도록 부탁하는 것으로 시작했다. 로버트가 겪은 학대가 6년에 걸쳐 일어났고, 수많은 학대 사건들을 포함했기 때문에 이는 매우 어려운 일이었다. 로버트는 한 사건을 고르는 것이 그의 다른 트라우마 경험의 중요성을 깎아내릴 것 같아서 힘들었다고 말했다. 치료자는 한 사건을 고르는 것이 다른 사건들이 중요하지 않음을 의미하는 것이 아니라 글쓰기에서 특히 괴로운 사건에 집중하는 것이 트라우마 사건을 다른 시각으로 바라볼 기회를 제공한다는 점을 명확히 했다. 또한, 처음 5번의 회기가 끝난 후 추가적인 쓰기 회기에서 다른 경험들에 집중할 수 있는 선택권이 있다고 설명했다. 이러한 정보가 로버트를 안심시키는 듯이 보였다. 비록 그는 이후에 그에게 가장 괴로웠던 세 가지 사건(예: 침습적 사고와 악몽으로 자주 나타나는 주제)을 찾아낼 수 있었지만, 쓰기를 할 하나의 사건을 선택할 수 없었다. 치료자는 로버트에게 그의 기억들 중 어느 사건이 다른 사건들보다 더 잘 기억나는지 물었다. 그는 세 가지 사건 중 두 사건에 대한 기억이 특히 강렬했고,

이 두 사건 중 하나는 자신이 빈번하게 겪은 내용을 나타낸다고 말했다. 이 정보에 기초하여, 치료자와 로버트는 강렬하고 자주 경험했던 시나리오를 나타내는 사건에 초점을 맞추기로 결정했다.

치료자는 WET가 구조화된 치료법이고, 치료의 대부분은 대본으로 짜여 있으며, 지침을 로버트에게 소리 내어 읽어줄 것이라고 설명했다. 치료자는 치료 근거에 관한 정보를 로버트에게 읽어주었고, 로버트는 쉽게 이해했고, 치료를 시작하고 싶어 했다. 치료자는 로버트에게 주관적 고통 점수[SUDS](Wolpe, 1958)를 통해 그 순간의 기분에 따른 자신의 불편함을 측정하도록 요청했다. 로버트는 상대적으로 강한 고통과 불안을 의미하는 정도인 SUDS 70점으로 점수를 매겼다. 그런 다음 치료자는 로버트에게 1회기 쓰기 지침을 읽어주고 그가 무엇을 해야 하는지 이해했는지를 확인한 다음 그에게 글을 쓰도록 했다. 쓰기를 완료한 후 치료자는 로버트에게 다시 SUDS 점수를 매기도록 요청했다. 그는 85점으로 보고했다. (이러한 SUDS의 증가는 WET와 같은 트라우마 초점치료의 첫 번째 노출 회기에서 나타나는 일반적인 반응이다. 이는 내담자가 노출에 몰입하고 완전히 참여하고 있다는 표시이기 때문에, 당장 염려해야 할 사항은 아니다. 내담자에게 이러한 SUDS의 증가가 예상된 일이고, 발생하더라도 치료를 계속하는 일을 단념해서는 안 된다고 설명해야 한다.) 그런 다음 치료자는 로버트에게 쓰기가 어떠했는지 물었다. 로버트는 30분 내내 글을 썼고, 시간이 빨리 지나가서 깜짝 놀랐다고 말했다. 그는 10~20분 글을 더 쓸 수 있는지를 물었다. 치료자는 1회기당 30분만 쓰기에 할당되도록 구성되었으며 첫 번째 회기에서 쓰기를 마치지 않으면 다음 회기에서 쓰는 데 충분한 시간이 있을 것이라고 설명했다. 치료자는 로버트의 내러티브를 수집하고 그가 지시를 따랐는지 확인하기 위해 다음 회기 전에 내러티브를 읽을 것이라고 말했다. 대화를 마친 후 치료자는 한 번 더 SUDS 점수를 매기도록 했다. 그는 60점으로 보고하였는데, 이는 쓰기를 한 직후 느꼈던 높은 수준의 고통이 감소했음을 나타냈다. 치료자는 로버트에게 이번 일주일 동안 트라우마에 대한 생각, 이미지, 감정이 떠오르면 그것을 밀어내기보다는 경험해 보도록 지시했다. 로버트는 생각, 이미지, 감정을 피하지 않기 위해 "최선을 다해보기"로 동의했다. 다음 회기를 예약한 후 1회기를 종료했다.

일주일 후에 로버트는 두 번째 회기에 참석했다. 이 회기가 시작될 때 로버트는 치료자에게 무엇보다도 이웃과의 언쟁으로 인해 힘든 한 주를 보냈다고 말했다. 그는 이번 회기에는 지난주에 대해 얘기하는 시간을 갖고 싶다고 말했다. 치료자는 로버트에게 그가 힘든 한 주를 보냈다는 점은 인정하지만, 우리의 작업 목표는 트라우마 초점치료를 수행하는 것이기 때문에 로버트가 1회기에서 확인한 트라우마에 계속 집중해야 한다고 알려주었다. 치료자는 그의 PTSD 증상을 해결함으로써 그가 자주 발생한다고 보고한 대인관계의 어려움을 삶에서 더 잘 관리할 수 있을 것이라고 조언했다. 로버트는 실망했지만 치료 목표를 이해했으며, 두 번째 WET 회기를 계속하기로 동의했다. 그런 다음 치료자는 로버트에게 첫 번째 쓰기 회기에 대한 피드백을 제공했다. 일반적으로 로버트는 트라우마에 대한 생각과 감정을 포함하여 트라우마에 대한 자세한 설명을 작성함으로써 지침을 따랐다. 그러나 치료자는 로버트가 사건 동안 경험한 감정에 대해 더 자세히 쓰도록 격려했다. 치료자는 로버트에게 두 번째 쓰기 회기에 대한 지침을 준 다음 그의 SUDS 점수를 물었는데, 그는 65점으로 보고했다. 그는 치료자가 방을 나가자마자 쓰기를 시작하도록 안내를 받았다.

30분 동안 글을 쓴 후 치료자가 돌아와 로버트의 SUDS 점수를 물었다. 로버트는 60점의 SUDS를 보고했다. 치료자는 이전 회기에 비해 SUDS가 감소했다는 점을 언급했다. 로버트는 두 번째 회기가 첫 번째 회기보다 쉽게 느껴졌다고 말했다. 또한 로버트는 자신이 경험한 트라우마 사건의 순서를 정리하고 트라우마 경험에 대한 감정에 직면할 수 있는 "출구"를 제공한다는 측면에서 트라우마에 대해 글을 쓰는 것이 매우 도움이 된다고 말했다. 로버트는 비록 이 사건에 대한 글을 쓰는 일이 힘들었지만, 예상했던 것보다 더 견딜 만하다고 표현했다. 치료자는 로버트와 다음 회기를 예약하고, 다음 주 동안 그 트라우마 사건에 대한 생각, 이미지 또는 감정을 피하지 않도록 지시했다.

나머지 세 번의 회기는 잘 진행되었다. 구체적으로 로버트는 각 트라우마 내러티브에 대한 쓰기 지침을 따랐고, 트라우마 기억이 점점 덜 괴롭다고 보고했다. 이러한 고통의 감소는 회기가 진행될 때마다 점진적으로 감소하는 SUDS 점수에서도 나타났다. 고통 수준의 감소 외에 그의 PTSD 증상의 심각도도 초기평가로부터 마지막 WET 회기 때까지 30점 감소했다(초기 PCL-5 점수=54, 마지막 WET 회기 PCL-5 점수=24). 더욱이 그의 치료 후 점수는 더 이상 PTSD 진단 기준에 충족되지 않았다.

마지막 회기에서 로버트는 WET가 치료를 통해 자신의 트라우마를 "해결해 나가도록" 했고, 자신에게 일어난 일을 이해할 수 있게 한 점에서 매우 유익했음을 발견했다고 보고했다. 그는 또한 다른 트라우마 초점치료에서는 이러한 경험이 없었다고 보고했다.

지도감독에서 치료자는 폭음, 자해 행동, 분노 폭발로 나타난 감정조절장애의 결과로 치료에 어려움을 겪은 이력이 있는 로버트의 치료가 치료 기간 동안 얼마나 원활하게 진행되었는지에 놀랐다고 지도감독자에게 언급했다. WET 회기 중에는 이러한 행동이 나타나지 않았다. 그는 과거에 그의 집중을 방해했을 수많은 삶의 스트레스 요인에도 불구하고 치료 과정 동안 집중을 유지했다. 게다가 로버트는 이전 치료와는 달리 WET에 지속적으로 참석했다. 치료자는 고도로 구조화된 치료의 특성과 노출 동안 제한된 치료자와의 상호작용이 결합해 로버트가 치료 내내 집중할 수 있었던 것 같다고 생각했다. 다섯 번의 WET 회기 후에 로버트와 치료자는 더 이상 PTSD 치료가 필요하지 않다는 데 동의했다. 로버트는 몇 달 후에 병원에 내원했고, 감정 조절에 대한 지속적인 어려움으로 변증법적행동치료를 받았다.

[사례 2] 치료 말미까지 대표 트라우마 사건을 밝히지 않은 경우

때때로 내담자는 PTSD 증상과 관련된 사건에 대해 생각할 때 느끼는 강렬한 고통, 수치심 또는 죄책감을 피하고 싶어서 처음에 그 경험을 밝히지 않기도 한다. 그러한 경우, 그들은 큰 고통이나 불편함을 일으키지 않는 다른 경험을 보고할 수 있다. 그러나 내담자가 치료자와 더 편안해지면, 그제서야 가장 어려움을 야기하는 실제 트라우마 사건을 공개할 수 있다. 대안적으로, 내담자의 SUDS 점수가 자신과 가장 강하게 연결된 사건에 대해 쓰고 있음을 나타내는 수준에 결코 도달하지 않거나, 내담자의 내러티브에서 중요한 세부사항을 쓰지 않은 것처럼 보이는 것으로 치료자는 치료 초기에 내담자가 정확한 대표 트라우마 사건을 제공하지 않았다고 의심할 수 있다. 예를 들어, 참전 군인은 일반적으로 전투 사건을 그의 가장 고통스러운 경험으로 보고할 수 있지만, 치료자는 그의 SUDS가 초기 쓰기 회기 동안 충분히 상승하지 않는다면 내담자가 실질적인 세부사항을 공개하지 않은 것으로 의심하고 그 가능성에 대해 논의할 수 있다. 그제야 내담자는 자신에게 가장 고통스러운 경험이 전투 임무 중에 아이를 쏜 사건이라고 보고한다. 이러한 상황이 발생하면 그에 따라 치료의 초점이 바뀌어야 하며, 치료 효과를 얻기 위해 이미 완료된 회기를 다시 다루어야 할 수도 있다. 바로 이 시나리오가 여기 웬디라는 내담자에게서 발생했다. 그녀는 처음에 그녀에게 실질적인 고통을 일으키지 않은 또 다른 대표 트라우마 사건을 보고했으며, 치료가 끝날 때까지 그녀의 PTSD 증상과 관련된 트라우마를 공개하지 않았다.

웬디는 10년 전 강도가 칼로 위협한 사건과 관련된 PTSD 증상의 치료를 위해 내원한 40대 초반의 아프리카계 미국인 독신 여성이었다. 웬디는 사건에서 신체적으로 다치지 않았으며, 가해자는 그녀가 지갑을 건네주자마자 현장에서 달아났다고 말했다. 그럼에도 불구하고 그녀는 이 사건 직후 심각한 PTSD 증상을 경험했으며, 이러한 증상이 그녀에게 심각한 사회적, 직업적 손상을 초래했다고 말했다. 그녀는 이전에 PTSD 치료를 받은 적이 없었지만 사건 이후 약 8회의 지지적 상담을 받았다. 그녀는 몇 회기 후에 증상이 약간 감소했다고 보고했지만, 이는 오래가지 못했다. 강도 사건을 제외하고 웬디는 그녀가 다른 트라우마 사건을 경험한 적이 없다고 언급했다. 진료실에 오자마자 웬디는 PCL-5를 완료하여 그녀의 PTSD 증상 중증도를 평가했다. 그녀는 49점을 받았는데, 이는 PTSD 진단 가능성이 크며, PTSD 증상의 높은 심각도를 나타낸다. 웬디에게 몇 가지 PTSD 치료 옵션이 제시되었다. 그녀는 WET가 그녀에게 좋은 접근 방식이라고 생각해 WET를 선택했다.

웬디는 적극적으로 1회기에 참석하였다. 그녀는 쓰기에 할당된 30분을 모두 사용했다. 특징적으로, 글을 쓰기 전 그녀의 SUDS 점수는 30점이었고, 글을 쓴 후에는 35점으로밖에 증가하지 않았다. 치료자는 웬디가 글을 쓰는 데 많이 힘들어 보이지는 않았다고 말했다. 낮은 SUDS 점수에 대해 질문했을 때 웬디는 쓰기에 참여했지만 경험에 대해 쓰는 동안 크게 괴롭지 않았다고 말했다. 치료자는 그녀가 사건에 대해 쓴 방식 때문에 SUDS가 낮을 수 있다는 점을 언급하며, 치료자가 내러티브를 읽고 다음 주에 예정된 두 번째 회기에서 웬디에게 피드백을 제공할 것이라고 말했다.

두 번째 회기에서 치료자는 웬디에게 지난 회기 내러티브를 읽었으며 사건 및 사건을 둘러싼 그녀의 생각과 감정에 대한 내러티브를 자세히 쓴 것을 감안할 때 웬디의 SUDS 점수가 상대적으로 낮은 것에 놀랐다고 말했다. 그런 다음 치료자는 웬디에게 쓰는 동안에는 SUDS가 증가했지만 회기가 끝날 때 감소한 것인지를 물었다. 웬디는 확신할 수는 없지만 그랬을 수도 있다고 생각한다고 답했다. 그 후 치료자는 웬디에게 두 번째 회기에 대한 지침을 안내했고, 그녀는 쓰기를 계속했다. 첫 번째 회기와 유사하게 웬디는 쓰기 전에 비교적 낮은 SUDS 점수를 보고했으며, 회기가 끝날 때는 점수가 5점밖에 증가하지 않았다. 치료자는 웬디에게 쓰는 동안에는 SUDS 점수가 더 높았는지 다시 물었다. 웬디는 그런 것 같다고 답했다. 회기가 끝난 후 치료자는 내러티브를 읽고는 웬디가 첫 번째 회기에서 작성한 내러티브와 비교했을 때, 세부사항과 길이가 변함없다는 점에 주목했다.

세 번째 회기에서도 유사한 패턴이 발견되었다. 게다가, 웬디가 매주 작성한 PCL-5는 그녀가 계속해서 매우 높은 수준의 PTSD 증상을 경험했을 뿐만 아니라, 초기 평가였던 49점보다도 더 높은 54점인 것으로 나타났다. 치료자가 웬디에게 PTSD 증상 감소가 더디다고 말했을 때, 그녀는 비록 치료가 그녀의 트라우마 기억을 극복하는 데 도움이 된다고 느꼈지만 그녀의 증상이 높게 유지되고 있다는 점에 동의했다. 치료자는 웬디에게 상황이 변하지 않는다면 다른 치료법을 시도해 볼 수도 있다는 가능성을 제기했다. 웬디는 치료가 도움이 된다고 생각했기 때문에 WET를 계속하고 싶어 했고, 치료자는 그 의견을 따랐다.

웬디는 그다음 주인 네 번째 회기에서 치료자와 이야기할 것이 있다고 말했다. 웬디는 이전에 그녀가 PTSD 증상에 대한 대표 트라우마 사건으로 정한 강도 사건이 사실 그녀의 현재 PTSD 증상과 관련이 없다고 밝혔다. 대신 그녀의 증상은 이전의 성폭행과 관련이 있었다. 웬디는 이 사건에 수치심을 느꼈고, 처음 치료를 받았을 때 치료자와 이야기하는 것이 편하지 않았다고 말했다. 웬디는 또한 치료가 어디에 초점을 맞추는지를 감안할 때 치료자에게 성폭행에 대해 털어놓지 않으면 치료에 도움이 되지 않을 것임을 알고 있다고 하였다. 치료자는 웬디가 솔직하게 이야기해 준 점에 감사를 표하고, 성폭행 사실 공개를 꺼리는 것은 당연하다고 말했다. 또한 치료자는 웬디가 그녀가 묘사한 강도 사건을 고려할 때 그녀의 증상의 심각도는 매우 높은 편이었고, 그러한 증상은 성폭행 피해자에게서 더 잘 나타날 수 있음을 알렸다. 이제 PTSD 증상을 유발하는 사건을 알게 되어, 그에 따라 치료에 집중할 수 있었다.

치료자는 웬디에게 성폭행에 초점을 맞추기 위해 WET를 다시 시작해야 한다고 제안했다. 웬디는 이 계획에 동의했다. 치료자는 첫 번째 회기에 대한 쓰기 지침을 안내했다(PTSD 심리교육 정보 및 치료 근거는 제시하지 않음). 이어 웬디는 주어진 30분 동안 글을 쓰기 시작했다. 예상치 않게 웬디는 글을 쓰기 전에 SUDS 점수로 60점을 보고했으나, 쓰기를 종료했을 때에는 80점으로 증가했다. 이전 회기와 달리 웬디는 쓰기 후에 많이 힘들어하였다. 그녀가 평소에 이 사건에 대해 생각하는 일을 많이 피했던 만큼 성폭행에 대한 글을 쓰기가 어려웠다고 눈물을 흘리며 말했다. 트라우마 내러티브를 확인한 결과, 웬디는 성폭행과 관련된 감정에 대해 쓰지 않은 것을 제외하고는 쓰기 지시를 따른 것으로 나타났다.

성폭행에 초점을 맞춘 두 번째 회기도 잘 진행됐다. 웬디는 치료자의 피드백에 따라 사건에 대한 세부사항 및 생각을 작성하는 것 외에도 자신이 경험한 감정에 대해 작성했다. 그녀의 SUDS는 비교적 높게 유지되었지만 이전 회기보다 약간 낮았다. 그녀의 SUDS 점수는 다음 세 번의 회기 동안 점진적으로 감소했다. 또한, 그녀는 PTSD 증상을 거의 또는 전혀 경험하지 않았으며, 사건 이후 처음으로 더 이상 사건에 대한 수치심이나 책임감이 없다고 보고했다. 마지막 회기에 작성한 PCL-5 점수는 15점으로 치료 초기에 비해 상당히 감소하였고, 이는 더 이상 PTSD 진단 기준을 충족하지 않음을 나타냈다. 이러한 치료 결과로 웬디는 추가 치료 회기가 필요하지 않다고 결정했다. 치료자는 이에 동의했고, 치료는 종료되었다.

[사례 3] 쓰기에 제약이 있는 신체 상태일 경우

일부 내담자 중 쓰기가 불가능한 신체적 한계를 가진 경우가 있다. 다음 사례는 신체적 한계로 인해 내담자가 쓰기에 참여할 수 없을 때 WET를 계속 할 수 있는 방법을 보여준다. 매튜가 WET를 시작했을 때 그는 글을 쓸 수 있었지만 두 번의 회기를 마친 후 오른쪽 손목이 부러지는 사고를 당했다. 그는 남은 회기 동안 글을 쓸 수 없었다. 감정 표현을 글로 써서 하거나 녹음기에 말하는 것이 유사하게 작용한다는 연구를 바탕으로(Smyth & Pennebaker, 2016), 우리는 나머지 치료 회기는 녹음기를 사용하는 방식으로 전환했다.

매튜는 20년 전에 한 여성이 차에 치여 사망하는 것을 목격한 것과 관련된 만성 PTSD 증상의 치료를 위해 내원한 60대의 이혼한 백인 남성이었다. 그는 사고를 목격했을 뿐만 아니라 여성이 사고를 당한 후 구조하러 갔고, 구급차가 도착하기를 기다리는 동안 여성이 그의 팔에 안겨 숨졌다고 전했다. 매튜는 회계사로서 자신의 일을 사고에 대한 생각에서 주의를 돌리는 데 사용했지만 은퇴한 후에는 사고와 관련된 침습적 사고에 효과적인 대처를 할 수 없음을 알게 되었다고 말했다. 그는 사고 후 처음에 심리치료를 찾았지만 이 치료는 지지적 치료support-oriented였고, 눈에 띄는 증상 완화를 제공하지 못했다고 보고했다. 그는 치료의 효과를 느끼지 못했기 때문에 7번 치료를 받은 후 중단했다. 초기평가에서 치료자는 그의 PTSD 증상 중증도를 평가하기 위해 PCL-5를 실시했다. 그의 PCL-5 점수는 46점으로 PTSD 진단 가능성이 있고, 심각한 PTSD 증상을 나타냈다. 치료자는 매튜에게 몇 가지 PTSD 치료 옵션을 제시했고, 매튜는 쓰기 과정을 좋아하고 다른 치료 옵션에 포함된 숙제를 원하지 않기 때문에 WET를 선택했다. 치료자와 매튜는 WET의 첫 번째 회기 스케줄을 잡았다.

처음 두 회기는 잘 진행되었다. 매튜는 쓰기 지침을 잘 따랐고, 각 회기 동안 할당된 쓰기 시간 30분을 모두 사용했다. 치료자에게 트라우마 경험을 설명하는 것을 감정적으로 어려워했지만 그것이 "내 어깨의 짐을 내려놓기 위해 들어 올리는 것"과 같음을 발견했다고 보고했다. 세 번째 회기 직전에 매튜는 집 앞 빙판에서 심하게 넘어져 다음 회기를 취소하고자 치료자에게 연락했다. 며칠 후에 다시 회기 일정이 잡혔다. 매튜가 세 번째 회기에 참석했을 때, 그의 오른팔은 깁스를 한 채였고, 골절되었다고 했다. 그는 오른손잡이였기 때문에 남은 회기 동안 글을 쓸 수 없었다. 치료자와 매튜는 그가 글을 쓰는 대신 녹음기에 대고 이야기함으로써 나머지 회기를 완료하는 데 동의했다. 매튜가 녹음기에 대고 이야기한 것을 제외하고 회기는 평소처럼 진행되었다. 치료자는 각 후속 회기 전에 녹음된 회기를 듣고 평소와 같이 피드백을 제공했다.

마지막 회기 후 PCL-5 점수는 12점이었으며, 이는 초기평가에 비해 PTSD 증상의 상당한 감소를 가리켰고, PTSD 진단 기준도 만족하지 않았다. 게다가, 그는 더 이상 악몽을 꾸지 않아 수면의 질이 상당히 개선되었다고 언급하면서 몇 년 사이에 느꼈던 것보다 기분이 더 나아졌다고 보고했다. 매튜는 또한 죽은 여자를 구하지 못한 것에 더 이상 죄책감을 느끼지 않는다고 말했다. 그는 당시 그녀의 죽음을 막기 위해 할 수 있던 일이 아무것도 없었다는 것을 깨달았다. 치료자와 매튜는 추가 회기가 필요하지 않으며, 치료를 종료하는 것에 동의했다.

우리는 신체적 한계로 인해 글을 쓸 수 없는 내담자를 치료했다.

이러한 경우에 우리는 WET 프로토콜을 따르면서 내담자는 녹음기를 사용하여 트라우마 내러티브에 대해 이야기했고, 잘 작업할 수 있었다. 그러나 3장에서 설명한 대로 녹음기는 내담자에게 신체적인 한계가 있는 경우에만 사용하는 것이 좋다.

[사례 4] 해리를 보이는 경우

일부 트라우마 생존자는 핵심 PTSD 증상 외에도 해리 증상을 보고한다. 사실, 이전 연구에 따르면 PTSD가 있는 사람의 15~30%가 해리 증상을 동반하는 PTSD 유형에 대한 기준을 충족한다고 보고한다(예: Stein et al., 2013). 과거에는 해리성 경향이 있는 사람들에게 노출기반치료를 사용하는 것에 약간의 우려가 있었다. 왜냐하면 해리 상태에서는 의식의 변화를 경험하지 않은 채로는 트라우마 기억을 생산적으로 처리processing하기 위한 실제상황in vivo exposure 연습에 완전히 몰입할 수 없을 것이라고 여겼기 때문이다(Cloitre et al., 2012). 그러나 연구에 따르면 실제로 해리 경향이 있는 PTSD 내담자는 그러한 경향이 없는 내담자와 동일한 이점을 경험할 수 있으며, 치료를 방해하는 해리에 대한 치료자의 우려는 과장된 것으로 나타났다(De Jongh et al., 2016). 해리 경향이 있는 PTSD 내담자가 WET의 혜택을 유사하게 받을 수 없다고 생각할 이유가 없다. 우리 내담자 중 한 명인 바바라는 트라우마 기억을 떠올리게 하는 일에 직면했을 때 해리를 경험했다. 바바라는 약 15년 전에 경험한 심각한 교통사고와 관련된 PTSD 치료를 위해 내원한 40대 히스패닉계 이혼한 여성이었다. 바바라는 두 명의 가장 친한 친구와 함께 여행하던 중 사고로 두 친구는 모두 사망했고, 그녀는 중상을 입었다. 사고 이후 바바라는 심각한 대인관계 문제가 생겼다고 보고했다. 그녀는 더 이상 친밀한 관계를 맺고 싶지 않았고, 또 다치는 일이 생길까 봐 아파트 밖으로 나가지 않았기 때문에 일하러 갈 수 없었다. 바바라는 정신과적 증상을 치료하기 위해 여러 약물을 처방받았다. 그녀는 수년 동안 약을 복용했지만 효과는 미미했다. 재정적 지원과 심리치료를 보장하는 건강보험이 없어 정신과 진료 외에 심리치료를 받은 적은 없다고 했다. 트라우마 경험에 대한 평가에서 그녀는 전남편과 관련된 가정 폭력을 포함하여 몇 가지 다른 사건을 보고했다. 그러나 그녀는 교통사고가 그녀의 PTSD 증상과 관련이 있다고 명확하게 표현하였다. DSM-IV(Spitzer, Williams, Gibbon, & First, 1994)에 기반한 구조화된 임상적 면담[SCID]의 기분장애모듈을 적용했을 때, 바바라는 PTSD 외에도 기분부전장애에 대한 진단 기준을 충족했다. 그녀의 PCL-5 점수는 68점이었다. 여러 PTSD 치료 옵션이 논의되었지만 그녀는 WET를 강하게 선호했다. 그녀가 집 밖을 나갈 때 많은 심리적 고통을 겪었기 때문에 더 적은 회기로 진행되는 치료를 원했다. 치료자와 바바라는 일주일 후에 첫 번째 WET 회기를 시행하기로 했다.

바바라는 스케줄대로 첫 번째 WET 회기에 참석했다. 치료자는 치료에 대한 근거를 제공한 다음 작성 지침을 읽어주었다. 바바라는 쓰기 지침을 들었을 때 눈물을 많이 흘렸다. 그녀는 교통사고에 대해 쓰는 것이 두려워서 당연히 그 기억을 피하려고 했다. 치료자는 치료의 이론적 근거를 다시 알려주었고, 이는 단순히 사고에 대해 떠올려 이야기하는 것이지 그것을 실제로 되살리는 일이 아님을 상기시키고 이러한 구별의 중요성을 언급했다. 바바라는 글쓰기에 대한 그녀의 두려움에 대해 계속 논의하기를 원했지만 치료자는 글쓰기를 피하기 위한 수단으로 그녀의 두려움에 대해 논의하려는 그녀의 욕구를 인식했다. 바바라가 글쓰기 과정에 대해 이야기하면 할수록 그녀는 더 두려워했고, 초조해했다. 그녀의 불안과 회피를 줄이기 위해 치료자는 곧바로 SUDS 점수를 물어보았고, 그녀는 90점이라고 답했다. 치료자는 30분 동안 글쓰기를 시작하라고 말했다. 또한 시간을 기록하고 30분이 지나면 방으로 돌아올 것이라고 말했다.

약 20분 후 바바라는 방에서 나와 치료자에게 쓰기를 계속할 수 없다고 말했다. 치료자와 바바라는 방으로 돌아갔고, 치료자는 바바라에게 남은 10분 동안 계속 써보도록 격려했다. 바바라는 자신의 경험을 글로 쓰는 것을 견딜 수 없다고 보고했다. 바바라가 더 이상 쓸 수 없음을 이해한 치료자는 바바라에게 SUDS 점수를 물었고, 95점이라고 답했다. 치료자는 바바라가 앉아 있던 책상 위 물건이 흐트러져 있는 것을 알아차렸다. 치료자는 그녀에게 무슨 일이 있었는지 물었다. 바바라는 무슨 일이 일어났는지 확실하지 않지만 회기 중에 책상을 흔들었던 것 같다고 말했다. 바바라는 단순한 기억이 아니라 사고가 다시 일어나는 것처럼 느껴졌기 때문에 쓰기가 그녀에게 어려운 경험이었다고 보고했다. 그녀는 또한 회기 중간에 잠깐 정신을 잃었을 수도 있다고 생각했다. 좀 더 면담한 후 바바라는 종종 현실과 접촉을 잃어버릴 때가 있지만 이러한 경험은 다소 드물고 몇 분 동안만 지속된다고 하였다. 치료자는 바바라가 이러한 해리 증상을 경험하기 시작할 때 스스로를 현실에 닿도록 하는 몇 가지 기술을 제안했다. 바바라는 이러한 에피소드 동안 사용할 수 있는 기술이 있다는 것을 몰랐고, 집에서뿐만 아니라 향후 치료 회기에서도 사용할 것이라고 보고했다.

특히 치료자는 그녀가 회기가 시작될 때 얼마나 많은 두려움을 보고했는지에 비추어 보았을 때, 바바라가 첫 번째 쓰기 회기를 완료한 것을 많이 칭찬하였다. 치료자는 또한 그녀가 경험한 높은 수준의 두려움을 그녀가 견딜 수 있었다고 지적했다. 그녀의 이전 SUDS 점수가 95점임을 감안하며 치료자는 회기를 종료하기 전에 바바라에게 또 SUDS 점수를 물어보았고, 바바라는 75점으로 보고했다. 점수가 쓰기 전보다 감소했음을 강조하면서 치료자는 두 번째 WET 회기를 예약하고 바바라에게 다음 주 동안 교통사고에 대한 생각, 이미지 또는 느낌, 그 무엇이든 떠오를 때 그녀 자신에게 그것을 받아들여 보라고 설명했다.

치료자는 첫 회기 내러티브를 검토했고, 첫 회기에서 그녀가 쓴 것은 세 문장이었다. 첫 번째 문장은 바바라와 그녀의 두 친구가 저녁식사 후 차를 몰고 집에 가는 길에 대한 설명으로 시작되었으며, 바바라의 두 친구는 앞좌석에 바바라는 뒷좌석에 앉았다. 두 번째 문장은 밝은 빛, 시끄러운 소음, 타는 냄새에 대한 설명으로 불완전했다. 세 번째 문장은 모든 대문자로 된 몇 단어로 구성되었다(예: "RED"). 바바라가 쓰기에 빠르게 압도되었고, 해리 경험이 회기 초기에 발생한 것으로 보였다. 바바라가 두 번째 회기에 참여하였을 때, 그녀가 지난 회기에서 몇 문장만 작성한 것에 대해 더 많은 이야기를 나눴다. 바바라는 쓰기를 시작했을 때부터 압도되어 처음 몇 문장을 쓴 이후로는 글을 쓸 수 없었다고 했다. 이를 감안하여 치료자는 그녀가 다시 해리를 경험할 때 그녀의 안정화를 돕기 위해 그녀와 함께 방에 남겠다고 제안했다. 바바라는 치료자가 방에 남아 있으면 도움이 될 것이라는 데 동의했다. 치료자는 단순히 방에 앉아서 바바라가 계속 글을 쓰는 데 필요한 경우가 아니면 바바라와 상호작용하지 않을 것임을 강조했다.

치료자는 바바라에게 두 번째 쓰기 지침을 읽어주고 그녀의 SUDS 점수를 확인했다. 그녀는 90점으로 보고했다. 치료자는 바바라에게 30분 동안 쓰도록 하고 언제 쓰기를 중단해야 하는지 알려줄 것이라고 말했다. 바바라는 치료자가 방에 남아 있는 동안 글쓰기를 계속했다. 회기가 시작된 지 약 15분 후 바바라는 눈에 띄게 힘들어 보였고, 치료자는 그녀가 해리에 빠질 수 있다고 생각했다. 치료자는 그녀에게 발을 바닥에 평평하게 유지하고 왼손으로 책상의 왼쪽 모서리를 잡으라고 지시했다. 바바라는 이 지시를 따랐고, 덜 괴로워 보였다. 그녀는 몇 분 동안 쓰기를 멈췄지만, 그라운딩grounding을 함께 시행한 후 다시 쓰기 시작했다. 30분 후 치료자는 바바라에게 글쓰기를 마치도록 알렸다. 그녀는 글을 쓴 후 SUDS를 75점으로 보고했다. 그런 다음 치료자는 바바라에게 이번 쓰기 회기가 어떠했는지 물었다. 그녀는 여전히 쓰기 과정이 매우 힘들었지만 이전 회기보다 쉬웠다고 보고했다. 치료자는 그녀의 SUDS 점수가 첫 번째 쓰기 회기보다 그녀가 덜 괴로워했음을 시사한다고 말했다. 바바라는 자신이 사고에 대해 이렇게 많이 쓸 수 있다는 사실에 놀랐고, 사고 이후로 이 정도로 사고에 대해 생각한 것은 이번이 처음이라고 언급했다. 치료자는 바바라가 회기를 완료한 것을 다시 칭찬했고, 그녀가 생각했던 것보다 그녀는 훨씬 더 강하다고 말했다. 바바라는 그녀가 자신의 힘과 도전을 성취하는 능력을 과소평가했을 가능성이 있다는 데 동의했다. 치료자는 바바라에게 트라우마에 대한 이미지, 생각 또는 느낌을 밀어내기보다 허용해 보도록 요청했다. 바바라는 이 지시를 따르는 것이 자신에게 어려운 일이지만 시도해 보겠다고 하고 회기를 종료하였다.

바바라는 세 번째 회기에 참석했으며 이전 회기에서 글을 쓸 때 치료자가 방에 남아 있던 것이 도움이 되었으며, 이번 회기에도 치료자가 방에 남아 있기를 원한다고 했다. 치료자는 방에 함께 있는 것에 동의했으며, 그녀가 지난 시간 작성한 트라우마 내러티브를 읽어보았고, 특히 첫 번째 회기에서 달성할 수 있었던 것과 비교하여 사고에 대해 이렇게 많이 쓸 수 있었던 것에 깊은 인상을 받았음을 바바라에게 알렸다. 또한 치료자는 그녀가 트라우마 사건의 세부사항을 포함하여 글을 얼마나 잘 작성했는지에 대해 언급했다. 치료자는 그녀가 지난 회기에서 사고에 대한 그녀의 생각과 감정에 대해 많이 쓰지 않았으며, 이번 회기에서는 그것들을 쓰는 것이 중요하다고 언급했다. 바바라는 그녀의 지난 시간 트라우마 내러티브에 대한 평가에 동의했으며, 그녀의 생각과 감정을 쓰기 위해 최선을 다할 것이라고 말했다.

그런 다음 치료자는 세 번째 쓰기 회기에 대한 지침을 읽어주고, 바바라로부터 SUDS 점수를 측정하고(75점) 쓰기를 시작하도록 했다. 이번 회기는 바바라가 쓰기 도중에 매우 힘들어해서 쓰기를 중단하고 해리되는 것처럼 보였다는 점에서 두 번째 쓰기 회기와 유사했다. 그러나 치료자가 그라운딩을 하도록 지시하기 전에 바바라 스스로 손목에 찬 고무밴드를 튕기는 그라운딩 기술을 사용하기 시작했다. 치료자는 바바라가 고무밴드를 몇 번 튕긴 후 쓰기에 더 집중했고 계속해서 글을 썼다는 점에 주목했다. 30분의 쓰기가 끝나고 치료자는 바바라에게 쓰기를 중단하도록 지시했으며, SUDS 점수는 65점으로 확인됐다. 치료자는 바바라에게 고무밴드 그라운딩 기술을 사용한 점에 대해 물었고, 그녀는 회기 사이에 집에서 해리에 빠지기 시작할 때 그라운딩이 도움이 되어 이 기법을 사용하기 시작했다고 보고했다. 치료자는 바바라가 회기 사이에 그라운딩 기술을 적극적으로 사용한 것을 칭찬했다. 그런 다음 이번 회기에 대해 이야기를 나누었고, 바바라는 여전히 어렵지만 이전 회기보다는 쉬웠다고 보고했다. 또한 그녀는 이번 회기에서 자신의 생각과 느낌 중 일부에 대해 작성했다고 말했다. 그런 다음 치료자는 바바라에게 트라우마 사건에 대한 생각, 이미지 및 감정이 이번 주에 떠오를 때 이를 피하지 않도록 요청했고, 회기가 종료되었다.

바바라의 세 번째 내러티브에 대한 검토에서 그녀가 자신의 생각과 감정에 대해 어느 정도 작성한 것을 확인할 수 있었다. 바바라가 다음 회기를 위해 참석했을 때 그녀는 지난주에 친구와 두 번이나 저녁을 먹었다고 했는데, 이는 그녀에게 매우 이례적인 일이었다. 그녀는 트라우마 기억과 마주했고, 교통사고 이후로 회피하던 삶의 다른 부분과도 마주하기 시작해야 한다는 것을 깨달은 긍정적인 경험으로 인해 저녁을 먹으러 갔다고 했다. 치료자는 바바라가 이러한 긍정적인 한 걸음을 나아간 것을 칭찬했다. 그녀가 이전 회기에서 잘했기 때문에 치료자가 이번 회기 동안에는 방에 함께 있지 않는 데 동의했다. 치료자는 네 번째 쓰기 회기에 대한 지침을 읽어주었고, 바바라는 60점의 SUDS 점수를 보고했다. 치료자는 시간을 재 30분 후에 돌아올 것이라고 알려주고 쓰기를 시작하도록 했다. 30분 후 치료자가 방으로 돌아와 쓰기를 중단하도록 알렸다. 바바라는 SUDS 점수를 55점으로 보고했으며, 이는 회기가 진행되며 SUDS가 점진적으로 감소하는 경향과 일치했다. 치료자는 바바라에게 이 점을 언급해 주었다. 바바라는 회기가 점점 더 쉬워지고 회기가 진행되는 동안 해리 경험이 덜 발생한다고 보고했다. 그녀는 그라운딩 기술을 배운 것과 트라우마 기억에 직면하는 것에 대한 두려움을 덜 느끼는 것 때문에 해리가 감소한 것 같다고 말했다.

마지막 쓰기 회기는 4번째 회기와 유사한 방식으로 진행되었다.

마지막 회기에서 바바라의 PCL-5 점수는 43점으로 치료 전 점수인 68점에서 눈에 띄게 감소하였다. 그러나 그녀의 점수는 여전히 상대적으로 높았고, 심각한 정도의 PTSD 증상을 나타냈다. 바바라는 치료를 통해 어느 정도 이득을 얻었지만, 여전히 추가적인 치료를 해볼 수 있었다. 치료자는 추가 WET 회기를 수행하거나 지속노출치료와 같은 다른 트라우마 초점 접근을 시도하여 PTSD 치료를 계속할 것을 제안했다. 바바라에게 회피행동의 수가 많고 이것이 심한 장애를 일으킨다는 점을 감안할 때 치료자는 지속노출치료의 현실노출 요소가 특히 도움이 될 수 있다고 생각했다. 바바라는 그녀가 WET를 통해 얻은 치료 효과에 만족하며, 교통사고 후 피했던 상황, 사람, 장소에 직면하기 시작했다고 보고했다. 그녀는 추가 치료 회기 없이 스스로 계속 발전할 수 있다고 믿었다. 치료자는 바바라의 의견을 존중했으며, 마음이 바뀌거나 재발할 경우 치료를 위해 다시 돌아올 수 있음을 알렸다.

[사례 5] 트라우마 초점치료에 대한 저항

마지막 사례의 경우처럼 PTSD 환자들은 트라우마 기억에 직면하기를 꺼린다. 그중 몇몇은 바바라처럼 두려움을 극복하고 치료에 참여하지만, 치료자의 격려에도 여전히 치료를 꺼리고 참여하지 못하는 경우도 있다. 마지막 사례는 그러한 내담자에 대한 내용이다.

존은 이혼한 50대 남성 퇴역 군인으로 30년 전 군대에서의 성 트라우마와 관련된 PTSD 치료를 위해 참석했다. 존은 군 복무 기간 동안 두 명의 동료에게 성폭행을 당했다고 밝혔다. 그는 수치심과 그 일을 보고했을 때 자신에게 피해가 돌아올 거라는 느낌 때문에 이 사실을 보고하지 않았다고 말했다. 그는 과거에도 지속노출치료, 인지처리치료, 지지적 상담치료 등 PTSD 치료를 몇 차례 받았다고 했다. 그러나 치료가 도움이 안 된다고 느껴 조기에 종료하였다. 존은 PTSD 증상뿐 아니라 장기간의 물질사용장애도 겪고 있었다. 그러나 그는 이번 치료에서 중등도의 알코올 사용만 보고하였다.

존과 몇몇의 치료적 선택에 대해 논의하였다. 그는 이전에 시도하였던 치료와는 다른 치료를 원했고, 트라우마에 대해 쓰는 방식을 선호했으며, 숙제가 없기 때문에 WET를 시도해 보기로 결정했다. 존의 초기 PCL-5 점수는 49점으로 중증도의 PTSD를 나타냈다.

WET 첫 회기에서 치료자는 그의 치료 의향을 바꾸진 않았는지 다시 확인하였다. 존은 WET를 원한다고 확정했다. 치료자는 치료의 이론적 근거를 설명하고 존에게 PTSD 심리교육 자료를 제공했다. 또한, 치료자는 첫 번째 회기에 대한 쓰기 지침을 읽어주었다. 존은 지시사항을 이해했으며 글쓰기를 시작할 준비가 되었다고 말했다. 그런 다음 치료자는 존에게 SUDS 점수를 요청했고, 35점이라고 하였다. 치료자는 존에게 자신이 시간을 기록할 것이며 30분 후에 방으로 돌아와서 쓰기를 중단하도록 알릴 것이라고 말했다.

30분 후 치료자는 존에게 쓰기 중단을 알리기 위해 방으로 돌아왔다. 치료자는 존이 그 순간에 어떻게 느꼈는지 SUDS 점수를 물었고, 존은 40점이라고 했다. 그런 다음 치료자는 쓰기가 어떠했는지 물었다. 그는 글을 많이 쓰지 못했다고 했다. 자신이 경험한 폭행에 대해 쓰는 일이 너무 괴로워서 써 내려가기가 어려웠다고 했다.

치료자는 존에게 글쓰기에 시간을 할애하지 않았다면, 회기 중에 무엇을 했는지를 물었다. 존은 자신이 무엇을 쓸지, 무엇을 쓸 수 있을지에 대해 생각했지만, 결국 쓰지 못할 것이라고 결론을 내렸다고 보고했다. 치료자는 존에게 치료를 지속할 것인지 물었다. 존은 다음 회기에서는 글을 쓸 수 있을 것 같아서 계속하고 싶다고 말했다. 그런 다음 치료자는 존과 두 번째 WET 회기를 예약하고, 그 사건에 대한 생각, 이미지 또는 감정이 무엇이든 억제하지 말도록 설명했다. 존은 최선을 다하겠다고 말했다.

1회기가 끝난 후 치료자는 내러티브를 검토했다. 존은 주로 폭행에 앞서 그날 있었던 사건들에 초점을 맞춘 몇 페이지를 작성했다. 그러나 존이 폭행을 당하자 그는 글쓰기를 중단한 것 같았다. 존이 두 번째 WET 회기를 위해 돌아왔을 때 치료자는 존이 치료자에게 표현한 것보다는 글을 쓰는 데 더 많은 시간을 쓴 것 같지만, 폭행을 당한 내러티브 부분에 이르러 쓰기를 중단한 것 같다고 언급했다. 존은 이러한 평가에 동의했으며 이번 회기에서는 트라우마 사건에 대해 쓸 준비가 되었다고 말했다. 그런 다음 치료자는 2회기에 대한 지침을 읽어주고 존의 SUDS 점수를 물어보고(30점), 쓰기를 시작하도록 촉구했다.

30분 후 치료자는 방으로 돌아와 쓰기를 중단하도록 알렸다. 존은 SUDS 점수가 30점이라고 보고했고, 치료자는 쓰기가 어떠했는지 물었다. 존은 폭행에 대해 글을 쓰기가 어려웠음을 인정했다. 그는 치료자가 이론적 근거를 들면서 설명했던 트라우마 기억에 직면해야 하는 쓰기의 핵심 역할에 대해 의문을 제기했다. 치료자는 존에게 그가 겪는 어려움이 무엇인지 물었고, 존은 사건에 대해 생각하기 싫고, 트라우마 기억에 직면하는 것이 도움이 되는 이유를 이해했음에도 그렇게 할 수 없다고 답했다. 치료자는 처음 두 회기의 쓰기 전후 SUDS 점수가 모두 낮다는 것은 존이 트라우마 기억을 계속 피하고 있다는 것을 나타내고, 치료 효과를 얻기 위해서는 트라우마 기억을 떠올릴 필요가 있다고 말했다. 또한 두 번째 회기에서 그의 PCL-5 점수는 치료 전 점수와 유사했다. 치료자는 존이 트라우마에 대해 쓰고 싶지 않다면 치료를 계속하는 것이 의미가 있을지를 다시 확인했다. 존은 포기하고 싶지 않으며 다음 주에 쓸 준비를 하고 돌아올 것이라고 말했다. 치료자가 존에게 다음 회기까지 트라우마 사건과 관련하여 경험할 수 있는 고통스러운 생각과 이미지를 피하지 말라고 지시한 후, 그들은 다음 회기를 기약했다.

회기가 끝난 후 치료자는 존의 내러티브를 검토했다. 그는 성폭행에 대해 쓰기 시작했지만 몇 문장만 썼다. 게다가 1회기에서 쓴 그의 논리적이고 명료하고 상세한 내러티브와 달리 2회기의 내러티브는 불완전한 문장("땀에 젖은 금발", "담배 냄새가 난다")으로 구성됐다. 존이 세 번째 WET 회기를 위해 돌아왔을 때, 그는 치료를 계속할 용의가 있지만 자신이 사건에 대해 쓸 수 없음을 알아줬으면 한다고 말했다. 치료자는 사건에 대해 쓸 수 없다면 치료를 진행할 수 없다고 지적했다. 존은 WET를 계속하지 않기로 한 치료자의 결정을 존중한다고 말했다. 그런 다음 치료자는 존과 함께 PTSD 증상 감소(예: 악몽 감소, 회피행동 감소, 분노 감소, 대인관계 개선)라는 치료 목표에 대해 논의했다. 치료자는 이러한 치료 목표를 달성하기 위해서는 트라우마 기억과 직면해야 한다고 설명했다. 존은 자신에게 일어난 일에 대해 생각하기보다는 자신의 증상에 "대처"하고 싶다고 말했다. 다른 트라우마 초점치료를 조기에 중단한 치료 이력을 포함하여 트라우마 초점치료에 대한 존의 저항을 감안해 치료자는 존에게 대체치료 옵션을 제공했다. 존과 치료자는 분노관리 그룹치료가 존에게 만성적 분노를 더 잘 관리할 기술을 제공하고 트라우마 사건을 경험한 개인에게 사회적 상호작용을 제공하기 때문에 좋은 대안치료 옵션이 될 것이라는 데 동의했다. 사회적 상호작용은 그의 사회적 고립을 줄이는 데 도움이 될 것이다. 이후 존이 분노관리 그룹에 회부되어 개별치료가 종료되었다.

치료자가 치료하는 일의 유익성을 설명하는 데 아무리 능숙하더라도 일부 내담자가 단순히 트라우마 기억에 직면하려고 하지 않는 것은 이례적인 일이 아니다. 효과적인 트라우마 초점치료는 내담자와 치료자 모두의 참여에 달려 있다. 회기에 참석하는 내담자가 치료에 참여하기를 꺼릴 때, 내담자가 다가와서 치료에 참여하기 시작할 것이라는 희망을 가지고 계속해서 관계 형성을 위해 노력하는 것은 현명하지 않다. 내담자가 내키지 않을 때 트라우마 초점치료 회기를 진행하려고 시도하는 것보다 트라우마 초점치료를 종료하고 내담자와 다른 치료 경로를 탐색하는 것이 훨씬 낫다. 트라우마 초점치료에 참여할 준비가 되지 않았지만 이러한 치료에 대해 일반적으로 긍정적인 느낌을 가진 내담자는 추후 앞으로 나아갈 준비가 되었다고 느낄 때 돌아올 수 있다. 그러나 그들이 회기 간 과제를 완료하지 않거나 회기 내 작업에 참여하지 않으면서 트라우마 초점치료 과정을 완료하면 치료의 효과가 없다는 인상을 받고 치료를 떠날 것이다. 이러한 경우, 향후 치료에 참여할 수 있게 되었을 때 치료를 다시 시도할 가능성이 적다.

존은 자신의 트라우마 기억에 맞서려고 하지 않았지만, 대부분의 내담자들은 기꺼이 맞서려고 한다. 내담자가 상상노출에 임하기를 꺼리는 것은 이례적인 일이 아니다. 지지하고 격려하는 임상가는 그러한 망설임을 관리할 수 있다. WET를 기꺼이 진행하려는 내담자들은 트라우마 기억에 대해 글을 쓰는 것이 그들이 두려워하는 것만큼 끔찍하지 않다는 사실에 매우 놀란다. 또한 회기 사이에 과제를 수행하지 않고도 짧은 시간 내에 치료 효과를 경험한다. 내담자는 그간의 짐의 무게를 덜고, 대인관계를 회복하고, 직장에서 업무를 잘 수행하며, 삶의 즐거움을 더 많이 느낄 수 있는 위치에 있다는 느낌을 받으며 WET의 5회기를 완료한다.

부록

쓰기노출치료 스크립트

1회기

쓰기노출치료 소개

트라우마 생존자는 종종 트라우마 경험의 여파로 신체적 반응과 감정, 생각 및 행동의 변화를 겪습니다.

신체적 반응 변화의 예로는 피로감, 메스꺼움(토할 것 같은 느낌), 발한 또는 오한, 쇼크, 현기증, 흉통, 호흡곤란, 무감각이 포함될 수 있습니다.

감정적 변화의 예로는 긴장감, 두려움, 슬픔, 우울감, 절망, 무력감, 분노, 과민하고 예민한 느낌, 압도되는 느낌, 죄책감, 취약함(쉽게 영

From Written Exposure Therapy for PTSD: A Brief Treatment Approach for Mental Health Professionals (pp. 91–93), by D. M. Sloan and B. P. Marx, 2019, Washington, DC: American Psychological Association. Copyright 2019 by the American Psychological Association. 개인의 임상적 목적으로 이 스크립트를 복사할 수 있으나, 허가 없이 재인쇄하거나 변경할 수 없음.

향받고 상처받는 상태) 등이 포함될 수 있습니다.

생각의 변화의 예로는 미래가 단절될 것 같다는 생각, 결정을 내리는 것이 어려움, 혼란스러운 느낌, 기억력 저하, 집중력 저하, '플래시백' 혹은 트라우마 경험이 다시 생생하게 떠오름, 악몽, 거슬리거나 반갑지 않은 생각, 한 번에 너무 많은 생각이 듦, 자살에 대한 생각, 기억의 단절 등이 포함될 수 있습니다.

행동 변화의 예로는 깜짝 놀람, 과잉경계, 타인으로부터 고립되려 함, 타인에게 지나치게 의존, 식욕과 수면의 변화, 물질남용(알코올, 약물) 증가, 정서적 또는 신체적 친밀감 문제, 아무도 믿지 못하거나 사랑의 감정을 갖지 못함, 감정이 없는 느낌, 영성 상실, 위험을 감수하는 행동들, 자살충동 및 행동이 있습니다.

사람마다 이러한 반응을 경험하는 방식이 다를 수 있습니다. 일부는 매우 익숙할 수 있지만, 일부는 그렇지 않을 수 있습니다. 이러한 반응의 대부분은 트라우마 생존자의 일상의 일부가 되어 특이한 일처럼 느껴지지 않는 듯 보입니다. 트라우마 사건 이후에 위의 증상들 중 얼마나 많은 것을 경험했는지 잠시 생각해 보십시오.

생존자가 자신의 트라우마 증상에 대처하려고 시도하는 방식도 일상생활에 영향을 미칩니다. 트라우마 생존자가 트라우마에 대한 생각과 기억이 계속 떠오를 때, 물질(알코올 또는 약물)을 사용하거나, 일 중독자가 되거나, 다른 사람과 거리를 두거나, 분노와 공격적인 행동을 함으로써 주의를 분산시키거나 현재 상황에서 트라우마를 상기시키는 모든 것을 없애려고 할 수 있습니다. 이러한 전략은 트라우마 생존자에게 단기적인 해결책을 제공할 수는 있지만, 장기적으로는 여러 이유로 문제가 될 수 있습니다. 다시 말해, 때로는 트라우마 사건에 대한 반응을 치료하거나 대처하려는 생존자의 시도는 그 자체로 문제가 될 수 있습니다.

중요한 것은, 트라우마가 아닌 스트레스를 다루는 데 사용할 수 있었던 접근 방식(치료 및 개입)은 트라우마를 다루는 데 효과적이지 않다는 것입니다. 사람들은 때때로 트라우마 생존자들에게 "그것을 잊어버리고" 스스로의 삶을 살아가라고 말할 것입니다. 이러한 접근 방식은 여러 다른 상황에서는 잘 적용될 수 있지만, 대개 트라우마 사건은 쉽게 잊히지 않습니다.

이 조언이 효과가 없는 이유 중 하나는 트라우마로 경험한 사건이 단순 스트레스 사건과는 다르게 기억되기 때문입니다. 트라우마 기억은 트라우마의 완전한 영향을 다시 경험하지 못하도록 보호하기 위해 쪼개진 방식으로 저장될 수 있습니다. 결과적으로 생존자들은 트라우마를 둘러싼 시간 중 많은 부분들을 기억하지 못할 수도 있습니다. 또는 과거의 트라우마에 대한 세부사항을 기억하되 이러한 기억에 아무런 감정이 없을 수도 있습니다. 원인이 무엇인지도 모른 채 압도적인 불안이나 두려움을 경험할 수도 있습니다. 특정 상황은 이전의 트라우마에 대한 "플래시백"을 촉발시킬 수 있으며, 생존자들은 실제로 과거의 일을 다시 겪고 있다고 느낄 수 있습니다.

트라우마 사건으로부터 성공적으로 회복하기 위해서는, 당신이 그 경험에 대해 가능한 한 많은 세부사항과 감정을 반복해서 이야기함으로써 그 경험에 직면하는 것이 중요합니다. 반복적으로 사건을 떠올림으로써 쪼개진 방식으로 저장된 기억을 수정할 수 있습니다. 또한 경험을 이야기하면 기억이 당신을 통제하는 것처럼 느끼기보다 당신 자신이 기억을 더 잘 통제하는 것처럼 느끼게 될 것입니다. 다음 몇 번의 회기에 걸쳐 트라우마 경험에 대해 글을 쓰면서 트라우마 경험을 반복적으로 이야기할 것입니다.

쓰기에 대한 전반적인 지시사항과 1회기에 대한 특정 지침

다음 다섯 회기에 걸쳐 당신의 트라우마에 대해 적어주시기 바랍니다. 맞춤법이나 문법은 걱정하지 마십시오. 트라우마의 구체적인 내용을 지금 기억나는 대로 작성해 보십시오. 예를 들어 트라우마 사건이 어떻게 일어났는지, 다른 사람들이 관련되었는지 여부 등입니다. 트라우마의 세부사항에 대해 글을 쓸 때, 어떤 일이 일어났는지, 트라우마 당시에 당신이 무엇을 느끼고 생각했는지를 구체적으로 쓰는 것이 중요합니다. 구체적인 내용을 가능한 한 상세히 설명하십시오. 트라우마에 대한 가장 깊은 감정과 생각을 풀어놓고 탐구하는 것도 중요합니다. 또한, 앞으로 다섯 회기 동안 이 경험에 대해 작성할 것이므로 오늘 회기 내에서 트라우마에 대한 설명을 완료해야 한다고 염려하실 필요가 없습니다. 가능한 한 트라우마에 대해 자세히 설명하고 트라우마 도중과 그 직후의 자신의 생각과 감정을 기억나는 대로 작성하십시오.

첫 번째 글쓰기 회기에서는 트라우마에 대해 처음부터 쓰셨으면 합니다. 예를 들어, 트라우마가 곧 일어날 것이라는 것을 깨달은 순간부터 시작할 수 있습니다. 트라우마를 설명할 때, 기억할 수 있는 한 많은 구체적인 세부사항을 작성하는 것이 중요합니다. 예를 들어, 내가 본 것(예: 다가오는 차의 헤드라이트, 다가오는 사람), 들은 것(예: 자동차 경적 소리, 급정거하는 타이어 소리, 위협하는 사람의 목소리, 폭발음), 또는 냄새(예: 피, 불타는 고무)에 대해 써볼 수 있습니다. 트라우마의 세부사항에 대해 쓰는 것 외에도, 트라우마 경험 당시의 생각과 느낌을 지금 기억하는 대로 써야 합니다. 예를 들어, “나는 죽겠구나”, “이럴 순 없어” 또는 “폭행을 당할 것 같다”는 생각을 했을 수 있습니다. 또는 겁이 나거나, 두려움에 얼어붙거나, 그 일과 관련된 다른 사람에게 화가 났을 수도 있습니다.

이 회기에서 전체 트라우마에 대해 다 쓸 필요는 없습니다. 가능한 한 자세하게 트라우마에 대해 쓰는 데 집중하고 트라우마 도중과 직후에 경험한 생각과 느낌을 포함하여 작성하십시오. 기억하셔야 할 점은 그 트라우마가 실제로 다시 일어나지 않는다는 것입니다. 당신은 그저 지금 그것을 되돌아보면서 이야기하는 것일 뿐입니다.

1회기 마무리 지침

이번 주 동안에는 방금 쓴 트라우마에 대한 생각, 이미지, 감정이 많이 떠오를 것입니다. 이것들이 무엇이든 간에 밀어내려고 하기보다 스스로 이러한 생각, 이미지 및 감정들을 받아들이는 것이 중요합니다. 떠오르는 생각, 느낌, 이미지가 무엇이든 스스로 받아들일 수 있게 시도해 보십시오.

2회기

2회기 쓰기 지침

오늘은 트라우마에 대해 기억나는 대로 계속해서 글을 쓰시길 바랍니다. 지난 1회기에서 트라우마를 완전히 설명하지 못했다고 생각되면 중단한 부분부터 다시 시작할 수 있습니다. 지난 회기에서 트라우마 사건에 대한 글을 다 쓰신 경우에는 전체 트라우마에 대해 다시 써주십시오. 트라우마를 설명하는 동안 가장 깊은 감정(예: 두려움, 충격, 슬픔, 분노)과 생각(예: "정말 이런 일이 일어나고 있는 거야?", "나는 죽을 거야")을 깊이 파헤치셨으면 합니다. 또한 트라우마의 세부사항에 대해 작성해야 함을 잊지 마십시오. 즉, 환경, 관련된 사람들, 그리고 당신이 보고 듣고 느꼈던 것을 묘사해 보십시오. 기억해야 할 점은 현재 당신은 그저 트라우마를 되돌아보면서 쓰고 있다는 것입니다.

2회기 마무리 지침

첫 번째 회기의 마지막에 말씀드렸듯이, 다가오는 한 주 동안 트라우마에 대한 생각과 느낌, 그리고 시각적인 이미지가 떠오를 것입니다. 이러한 생각, 감정, 이미지들을 밀어내려고 하기보다는 그것들이 무엇이든

From Written Exposure Therapy for PTSD: A Brief Treatment Approach for Mental Health Professionals (p. 94), by D. M. Sloan and B. P. Marx, 2019, Washington, DC: American Psychological Association. Copyright 2019 by the American Psychological Association. 개인의 임상적 목적으로 이 스크립트를 복사할 수 있으나, 허가 없이 재인쇄하거나 변경할 수 없음.

지 간에 떠오르도록 허락하는 것이 중요합니다. 떠오르는 생각, 느낌, 이미지가 무엇이든 스스로 받아들일 수 있게 시도해 보십시오.

3회기

3회기 쓰기 지침

오늘도 트라우마 사건에 대해 생각나는 대로 계속해서 글을 쓰기를 바랍니다. 당신이 경험한 전체적인 트라우마에 대한 글을 다 쓴 경우에는, 처음부터 그 트라우마에 대해 다시 쓰거나 가장 힘들었던 부분을 선택해 그 경험의 특정 부분에 집중해 글을 쓸 수 있습니다. 또한 트라우마 경험이 당신의 삶을 어떻게 바꾸었는지에 대해서도 써보려고 합니다. 예를 들어, 트라우마로 인해 당신의 삶을 바라보는 방식, 삶의 의미, 다른 사람들과 관계를 맺는 방식이 바뀌었는지 여부에 대해서 쓸 수 있습니다. 글을 쓰는 동안, 자신의 가장 깊은 생각과 감정이 흐르는 그대로 작성해 보길 바랍니다.

3회기 마무리 지침

앞서 말씀드린 바와 같이, 다가오는 한 주 동안 트라우마에 대한 생각과 느낌, 그리고 시각적인 이미지가 떠오르게 될 것입니다. 이러한 생각, 감정, 이미지들을 밀어내려고 하기보다는 그것들이 무엇이든지 간

From Written Exposure Therapy for PTSD: A Brief Treatment Approach for Mental Health Professionals (p. 95), by D. M. Sloan and B. P. Marx, 2019, Washington, DC: American Psychological Association. Copyright 2019 by the American Psychological Association. 개인의 임상적 목적으로 이 스크립트를 복사할 수 있으나, 허가 없이 재인쇄하거나 변경할 수 없음.

에 자신에게 허락하는 것이 중요합니다. 떠오르는 생각, 느낌, 이미지가 무엇이든 스스로 받아들일 수 있도록 시도해 보십시오.

4회기

4회기 쓰기 지침

오늘도 트라우마에 대해 계속 써주시길 바랍니다. 지난 회기에서 작성한 글과 마찬가지로 트라우마의 특정 부분을 선택하여 쓸 수 있습니다. 즉, 당신이 가장 힘들어했던 트라우마의 부분이 될 수 있습니다. 오늘은 트라우마 사건이 당신의 삶을 어떻게 변화시켰는지에 대해서도 적어주시기를 바랍니다. 트라우마가 당신의 삶을 바라보는 방식, 삶의 의미, 다른 사람들과의 관계를 어떻게 바뀌게 하였는지에 대해 글을 쓸 수 있습니다. 글을 쓰는 동안, 자신의 가장 깊은 생각과 감정이 흐르는 그대로 작성해 보길 바랍니다.

4회기 마무리 지침

앞서 말씀드린 바와 같이, 다가오는 한 주 동안 트라우마에 대한 생각과 느낌, 그리고 시각적인 이미지가 떠오르게 될 것입니다. 이러한 생각, 감정, 그리고 이미지들을 밀어내려고 하기보다는 그것들이 무엇이든지 간에 자신에게 허락하는 것이 중요합니다. 떠오르는 생각, 느낌, 이미지가 무엇이든 스스로 받아들일 수 있도록 시도해 보십시오.

From Written Exposure Therapy for PTSD: A Brief Treatment Approach for Mental Health Professionals (p. 96), by D. M. Sloan and B. P. Marx, 2019, Washington, DC: American Psychological Association. Copyright 2019 by the American Psychological Association. 개인의 임상적 목적으로 이 스크립트를 복사할 수 있으나, 허가 없이 재인쇄하거나 변경할 수 없음.

5회기

오늘은 마지막 시간입니다. 트라우마 사건과 관련된 당신의 감정과 생각, 그리고 이 사건이 당신의 삶을 어떻게 변화시켰다고 생각하는지에 관해 계속 쓰십시오. 오늘은 쓰기의 마지막 날이므로 글쓰기를 마무리해 볼 수 있습니다. 예를 들어, 트라우마 경험이 현재와 미래의 삶과 어떤 관련이 있는지 써볼 수 있습니다. 다른 회기와 마찬가지로 회기 내내 당신의 깊은 감정과 생각을 자세히 들여다보는 것이 중요합니다.

From Written Exposure Therapy for PTSD: A Brief Treatment Approach for Mental Health Professionals (p. 97), by D. M. Sloan and B. P. Marx, 2019, Washington, DC: American Psychological Association. Copyright 2019 by the American Psychological Association. 개인의 임상적 목적으로 이 스크립트를 복사할 수 있으나, 허가 없이 재인쇄하거나 변경할 수 없음.

감사의 말

이 책을 쓰는 데 도움과 유용한 통찰을 준 미국 심리학회American Psychological Association 도서부의 여러 직원들께 감사드립니다. 또한 최근 몇 년 동안 우리와 협력해 주신 패트리샤 레식Patricia Resick 박사님께도 감사드립니다. 쓰기노출치료와 인지처리치료를 비교하는 우리의 연구에 대한 그녀의 중요한 공헌과 연구 설계 및 결과 해석에 대한 논의에 감사드립니다. 또한 테리 킨Terry Keane 박사님과 대니 칼루페크Danny Kaloupek 박사님의 지원과 격려에도 감사드립니다. PTSD가 있는 참전용사들을 평가하고 치료한 그들의 중요한 작업은 PTSD 관련 근거기반 치료법을 개발하는 우리와 다른 많은 사람에게 영감을 주었습니다. 우리의 상상력을 사로잡은, 글쓰기를 통해 감정을 드러내는 작업을 하신 제임스 페니베이커James Pennebaker 박사님께도 감사를 드립니다. 이 긴 여정을 처음 시작했을 때 시간을 내어주셨고, 관대함을 보여주셨습니다. 끝으로, 우리가 수년간 치료해 온 많은 트라우마 생존자들에게도 깊은 감사의 말을 전합니다. 우리는 그들에게 많은 것을 배웠고, 계속해서 그들은 우리에게 영감을 주고 있습니다.

참고문헌

Addis, M. E., & Carpenter, K. M. (2000). The treatment rationale in cognitive behavioral therapy: Psychological mechanisms and clinical guidelines. *Cognitive and Behavioral Practice, 7*, 147–156. http://dx.doi.org/10.1016/S1077-7229(00)80025-5

Aderka, I. M., Gillihan, S. J., McLean, C. P., & Foa, E. B. (2013). The relationship between posttraumatic and depressive symptoms during prolonged exposure with and without cognitive restructuring for the treatment of posttraumatic stress disorder. *Journal of Consulting and Clinical Psychology, 81*, 375–382. http://dx.doi.org/10.1037/a0031523

Alcántara, C., Casement, M. D., & Lewis-Fernández, R. (2013). Conditional risk for PTSD among Latinos: A systematic review of racial/ethnic differences and sociocultural explanations. *Clinical Psychology Review, 33*, 107–119. http://dx.doi.org/10.1016/j.cpr.2012.10.005

American Psychiatric Association. (1994). *Diagnostic and statistical manual of mental disorders* (4th ed.). Washington, DC: Author.

American Psychiatric Association. (2013). *Diagnostic and statistical manual of mental disorders* (5th ed.). Arlington, VA: Author.

American Psychological Association. (2017). *Ethical principles of psychologists and code of conduct* (2002, Amended June 1, 2010 and January 1, 2017). Retrieved from http://www.apa.org/ethics/code/index.aspx

Bachynski, K. E., Canham-Chervak, M., Black, S. A., Dada, E. O., Millikan, A. M., & Jones, B. H. (2012). Mental health risk factors for suicides in the US Army, 2007–8. *Injury Prevention, 18*, 405–412. http://dx.doi.org/10.1136/injuryprev-2011-040112

Baker, A. S., Litwack, S. D., Clapp, J. D., Beck, J. G., & Sloan, D. M. (2014). The Driving Behavior Survey as a measure of behavioral stress responses to MVA-related PTSD. *Behavior Therapy, 45*, 443–453. http://dx.doi.org/10.1016/j.beth.2014.02.009

Beck, A. T., Steer, R. A., & Brown, G. K. (1996). *Manual for the Beck Depression Inventory–II*. San Antonio, TX: Psychological Corporation.

Becker, C. B., Zayfert, C., & Anderson, E. (2004). A survey of psychologists' attitudes towards and utilization of exposure therapy for PTSD. *Behaviour Research and Therapy, 42*, 277–292. http://dx.doi.org/10.1016/S0005-7967(03)00138-4

Ben-Porath, Y. S., & Tellegen, A. (2011). *Minnesota Multiphasic Personality Inventory–2–*

Restructured Form® (MMPI-2-RF®): User's guide for reports (2nd ed.). Minneapolis: University of Minnesota Press.

Blake, D. D., Weathers, F. W., Nagy, L. M., Kaloupek, D. G., Charney, D. S., & Keane, T. M. (1990). *The Clinician Administered PTSD Scale–IV*. Boston, MA: National Center for PTSD, Behavioral Sciences Division.

Blanchard, E. B., & Hickling, E. J. (2004). *After the crash: Assessment and treatment of motor vehicle accident survivors* (2nd ed.). Washington, DC: American Psychological Association. http://dx.doi.org/10.1037/10676-000

Blanchard, E. B., Hickling, E. J., Devineni, T., Veazey, C. H., Galovski, T. E., Mundy, E., . . . Buckley, T. C. (2003). A controlled evaluation of cognitive behavioural therapy for posttraumatic stress in motor vehicle accident survivors. *Behaviour Research and Therapy, 41*, 79–96. http://dx.doi.org/10.1016/S0005-7967(01)00131-0

Borah, E. V., Wright, E. C., Donahue, D. A., Cedillos, E. M., Riggs, D. S., Isler, W. C., & Peterson, A. L. (2013). Implementation outcomes of military provider training in cognitive processing therapy and prolonged exposure therapy for post-traumatic stress disorder. *Military Medicine, 178*, 939–944. http://dx.doi.org/10.7205/MILMED-D-13-00072

Bouton, M. E. (2004). Context and behavioral processes in extinction. *Learning & Memory, 11*, 485–494. http://dx.doi.org/10.1101/lm.78804

Bovin, M. J., Marx, B. P., Weathers, F. W., Gallagher, M. W., Rodriguez, P., Schnurr, P. P., & Keane, T. M. (2016). Psychometric properties of the PTSD Checklist for *Diagnostic and Statistical Manual of Mental Disorders–Fifth Edition* (PCL-5) in veterans. *Psychological Assessment, 28*, 1379–1391. http://dx.doi.org/10.1037/pas0000254

Bradley, R., Greene, J., Russ, E., Dutra, L., & Westen, D. (2005). A multidimensional meta-analysis of psychotherapy for PTSD. *The American Journal of Psychiatry, 162*, 214–227. http://dx.doi.org/10.1176/appi.ajp.162.2.214

Breslau, N., Davis, G. C., Andreski, P., & Peterson, E. (1991). Traumatic events and posttraumatic stress disorder in an urban population of young adults. *Archives of General Psychiatry, 48*, 216–222. http://dx.doi.org/10.1001/archpsyc.1991.01810270028003

Bryan, C. J., May, A. M., Rozek, D. C., Williams, S. R., Clemans, T. A., Mintz, J., . . . Burch, T. S. (2018). Use of crisis management interventions among suicidal patients: Results of a randomized controlled trial. *Depression and Anxiety, 35*, 619–628. http://dx.doi.org/10.1002/da.22753

Bryant, R. A., Ekasawin, S., Chakrabhand, S., Suwanmitri, S., Duangchun, O., & Chantaluckwong, T. (2011). A randomized controlled effectiveness trial of cognitive behavior therapy for post-traumatic stress disorder in terrorist affected people in Thailand. *World Psychiatry, 10*, 205–209. http://dx.doi.org/10.1002/j.2051-5545.2011.tb00058.x

Bryant, R. A., Moulds, M. L., Guthrie, R. M., Dang, S. T., Mastrodomenico, J., Nixon,

R. D., . . . Creamer, M. (2008). A randomized controlled trial of exposure therapy and cognitive restructuring for posttraumatic stress disorder. *Journal of Consulting and Clinical Psychology, 76*, 695–703. http://dx.doi.org/10.1037/a0012616

Bryant, R. A., Moulds, M. L., Guthrie, R. M., Dang, S. T., & Nixon, R. D. (2003). Imaginal exposure alone and imaginal exposure with cognitive restructuring in treatment of posttraumatic stress disorder. *Journal of Consulting and Clinical Psychology, 71*, 706–712. http://dx.doi.org/10.1037/0022-006X.71.4.706

Cahill, S. P., Rothbaum, B. O., Resick, P. A., & Follette, V. M. (2009). Cognitive behavioral therapy for adults. In E. B. Foa, T. M. Keane, M. J. Friedman, and J. A. Cohen (Eds.), *Effective treatments for PTSD: Practice guidelines form the international society for traumatic stress studies* (pp. 139–222). New York, NY: Guilford Press.

Charney, M. E., & Keane, T. M. (2007). Psychometric analyses of the Clinician-Administered PTSD Scale (CAPS)—Bosnian translation. *Cultural Diversity and Ethnic Minority Psychology, 13*, 161–168. http://dx.doi.org/10.1037/1099-9809.13.2.161

Clapp, J. D., Olsen, S. A., Beck, J. G., Palyo, S. A., Grant, D. M., Gudmundsdottir, B., & Marques, L. (2011). The Driving Behavior Survey: Scale construction and validation. *Journal of Anxiety Disorders, 25*, 96–105. http://dx.doi.org/10.1016/j.janxdis.2010.08.008

Cloitre, M., Courtois, C. A., Ford, J. D., Green, B. L., Alexander, P., Briere, J., . . . Van der Hart, O. (2012). *The ISTSS expert consensus treatment guidelines for complex PTSD in adults*. Chicago, IL: International Society for Traumatic Stress Studies.

Craske, M. G., Treanor, M., Conway, C. C., Zbozinek, T., & Vervliet, B. (2014). Maximizing exposure therapy: An inhibitory learning approach. *Behaviour Research and Therapy, 58*, 10–23. http://dx.doi.org/10.1016/j.brat.2014.04.006

Cusack, K., Jonas, D. E., Forneris, C. A., Wines, C., Sonis, J., Middleton, J. C., . . . Weil, A. (2016). *Psychological treatments for adults with posttraumatic stress disorder: A systematic review and meta-analysis*. Santa Monica, CA: RAND Corporation.

de Jong, J. T., Komproe, I. H., Van Ommeren, M., El Masri, M., Araya, M., Khaled, N., . . . Somasundaram, D. (2001). Lifetime events and posttraumatic stress disorder in 4 postconflict settings. *JAMA, 286*, 555–562. http://dx.doi.org/10.1001/jama.286.5.555

De Jongh, A., Resick, P. A., Zoellner, L. A., van Minnen, A., Lee, C. W., Monson, C. M., . . . Bicanic, I. A. E. (2016). A critical analysis of the current treatment guidelines for complex PTSD in adults. *Depression and Anxiety, 33*, 359–369. http://dx.doi.org/10.1002/da.22469

Eftekhari, A., Ruzek, J. I., Crowley, J. J., Rosen, C. S., Greenbaum, M. A., & Karlin, B. E. (2013). Effectiveness of national implementation of prolonged exposure therapy in Veterans Affairs care. *JAMA Psychiatry, 70*, 949–955. http://dx.doi.org/10.1001/jamapsychiatry.2013.36

Ehlers, A., Clark, D. M., Hackmann, A., McManus, F., & Fennell, M. (2005). Cognitive therapy for post-traumatic stress disorder: Development and evaluation. *Behaviour Research and Therapy, 43*, 413–431. http://dx.doi.org/10.1016/j.brat.2004.03.006

Ehlers, A., Hackmann, A., Grey, N., Wild, J., Liness, S., Albert, I., . . . Clark, D. M. (2014). A randomized controlled trial of 7-day intensive and standard weekly cognitive therapy for PTSD and emotion-focused supportive therapy. *The American Journal of Psychiatry, 171*, 294–304. http://dx.doi.org/10.1176/appi.ajp.2013.13040552

Ehlers, A., Mayou, R. A., & Bryant, B. (2003). Cognitive predictors of posttraumatic stress disorder in children: Results of a prospective longitudinal study. *Behaviour Research and Therapy, 41*, 1–10. http://dx.doi.org/10.1016/S0005-7967(01)00126-7

Epstein, E. M., Sloan, D. M., & Marx, B. P. (2005). Getting to the heart of the matter: Written disclosure, gender, and heart rate. *Psychosomatic Medicine, 67*, 413–419. http://dx.doi.org/10.1097/01.psy.0000160474.82170.7b

Ertl, V., Pfeiffer, A., Schauer, E., Elbert, T., & Neuner, F. (2011). Communityimplemented trauma therapy for former child soldiers in Northern Uganda: A randomized controlled trial. *Journal of the American Medical Association, 306*, 503–512. http://dx.doi.org/10.1001/jama.2011.1060

Finley, E. P., Garcia, H. A., Ketchum, N. S., McGeary, D. D., McGeary, C. A., Stirman, S. W., & Peterson, A. L. (2015). Utilization of evidence-based psychotherapies in Veterans Affairs posttraumatic stress disorder outpatient clinics. *Psychological Services, 12*, 73–82. http://dx.doi.org/10.1037/ser0000014

First, M. B., Williams, J. B. W., Karg, R. S., & Spitzer, R. L. (2016). *Structured Clinical Interview for* DSM–5 *Disorders, clinical version (SCID–5–CV)*. Arlington, VA: American Psychiatric Association.

Foa, E. B., Hembree, E. A., Cahill, S. P., Rauch, S. A., Riggs, D. S., Feeny, N. C., & Yadin, E. (2005). Randomized trial of prolonged exposure for posttraumatic stress disorder with and without cognitive restructuring: Outcome at academic and community clinics. *Journal of Consulting and Clinical Psychology, 73*, 953–964. http://dx.doi.org/10.1037/0022-006X.73.5.953

Foa, E. B., Hembree, E., & Rothbaum, B. O. (2007). *Prolonged exposure therapy for PTSD: Emotional processing of traumatic experiences therapist guide*. New York, NY: Oxford University Press. http://dx.doi.org/10.1093/med:psych/9780195308501.001.0001

Foa, E. B., Keane, T. M., Friedman, M. J., & Cohen, J. (2008). *Effective treatments for PTSD: Practice guidelines from the International Society for Traumatic Stress Studies*. New York, NY: Guilford Press.

Frattaroli, J. (2006). Experimental disclosure and its moderators: A metaanalysis. *Psychological Bulletin, 132*, 823–865. http://dx.doi.org/10.1037/0033-2909.132.6.823

Fulton, J. J., Calhoun, P. S., Wagner, H. R., Schry, A. R., Hair, L. P., Feeling, N., . . . Beckham, J. C. (2015). The prevalence of posttraumatic stress disorder in Operation Enduring Freedom/Operation Iraqi Freedom (OEF/OIF) Veterans: A meta-analysis. *Journal of Anxiety Disorders, 31*, 98–107. http://dx.doi.org/10.1016/

j.janxdis.2015.02.003

Galovski, T. E., Blain, L. M., Mott, J. M., Elwood, L., & Houle, T. (2012). Manualized therapy for PTSD: Flexing the structure of cognitive processing therapy. *Journal of Consulting and Clinical Psychology, 80*, 968–981. http://dx.doi.org/10.1037/a0030600

Garcia, H. A., Kelley, L. P., Rentz, T. O., & Lee, S. (2011). Pretreatment predictors of dropout from cognitive behavioral therapy for PTSD in Iraq and Afghanistan war veterans. *Psychological Services, 8*, 1–11. http://dx.doi.org/10.1037/a0022705

Gersons, B. P., Carlier, I. V., Lamberts, R. D., & van der Kolk, B. A. (2000). Randomized clinical trial of brief eclectic psychotherapy for police officers with posttraumatic stress disorder. *Journal of Traumatic Stress, 13*, 333–347. http://dx.doi.org/10.1023/A:1007793803627

Goldstein, R. B., Smith, S. M., Chou, S. P., Saha, T. D., Jung, J., Zhang, H., . . . Grant, B. F. (2016). The epidemiology of *DSM–5* posttraumatic stress disorder in the United States: Results from the National Epidemiologic Survey on Alcohol and Related Conditions–III. *Social Psychiatry and Psychiatric Epidemiology, 51*, 1137–1148. http://dx.doi.org/10.1007/s00127-016-1208-5

Gradus, J. L., Suvak, M. K., Wisco, B. E., Marx, B. P., & Resick, P. A. (2013). Treatment of posttraumatic stress disorder reduces suicidal ideation. *Depression and Anxiety, 30*, 1046–1053.

Gutner, C. A., Gallagher, M. W., Baker, A. S., Sloan, D. M., & Resick, P. A. (2016). Time course of treatment dropout in cognitive-behavioral therapies for posttraumatic stress disorder. *Psychological Trauma: Theory, Research, Practice, and Policy, 8*, 115–121. http://dx.doi.org/10.1037/tra0000062

Gutner, C. A., Suvak, M. K., Sloan, D. M., & Resick, P. A. (2016). Does timing matter? Examining the impact of session timing on outcome. *Journal of Consulting and Clinical Psychology, 84*, 1108–1115. http://dx.doi.org/10.1037/ccp0000120

Hamblen, J. L., Schnurr, P. P., Rosenberg, A., & Eftekhari, A. (2009). A guide to the literature on psychotherapy for PTSD. *Psychiatric Annals, 39*, 348–354. http://dx.doi.org/10.3928/00485713-20090515-02

Harned, M. S., Rizvi, S. L., & Linehan, M. M. (2010). Impact of co-occurring posttraumatic stress disorder on suicidal women with borderline personality disorder. *The American Journal of Psychiatry, 167*, 1210–1217. http://dx.doi.org/10.1176/appi.ajp.2010.09081213

Hatcher, R. L., & Gillaspy, J. A. (2006). Development and validation of a revised short version of the Working Alliance Inventory. *Psychotherapy Research, 16*, 12–25. http://dx.doi.org/10.1080/10503300500352500

Hembree, E. A., Foa, E. B., Dorfan, N. M., Street, G. P., Kowalski, J., & Tu, X. (2003). Do patients drop out prematurely from exposure therapy for PTSD? *Journal of Traumatic Stress, 16*, 555–562. http://dx.doi.org/10.1023/B:JOTS.0000004078.93012.7d

Herschell, A. D., Kolko, D. J., Baumann, B. L., & Davis, A. C. (2010). The role of therapist training in the implementation of psychosocial treatments: A review and critique with recommendations. *Clinical Psychology Review, 30*, 448–466. http://dx.doi.org/10.1016/j.cpr.2010.02.005

Hoge, C. W., & Chard, K. M. (2018). A window into the evolution of traumafocused psychotherapies for posttraumatic stress disorder. *JAMA, 319*, 343–345. http://dx.doi.org/10.1001/jama.2017.21880

Imel, Z. E., Laska, K., Jakupcak, M., & Simpson, T. L. (2013). Meta-analysis of dropout in treatments for posttraumatic stress disorder. *Journal of Consulting and Clinical Psychology, 81*, 394–404. http://dx.doi.org/10.1037/a0031474

Karlin, B. E., Ruzek, J. I., Chard, K. M., Eftekhari, A., Monson, C. M., Hembree, E. A., . . . Foa, E. B. (2010). Dissemination of evidence-based psychological treatments for posttraumatic stress disorder in the Veterans Health Administration. *Journal of Traumatic Stress, 23*, 663–673. http://dx.doi.org/10.1002/jts.20588

Kazdin, A. E. (2017). Addressing the treatment gap: A key challenge for extending evidence-based psychosocial interventions. *Behaviour Research and Therapy, 88*, 7–18. http://dx.doi.org/10.1016/j.brat.2016.06.004

Kehle-Forbes, S. M., Meis, L. A., Spoont, M. R., & Polusny, M. A. (2016). Treatment initiation and dropout from prolonged exposure and cognitive processing therapy in a VA outpatient clinic. *Psychological Trauma: Theory, Research, Practice, and Policy, 8*, 107–114. http://dx.doi.org/10.1037/tra0000065

Kessler, R. C., Berglund, P., Demler, O., Jin, R., Merikangas, K. R., & Walters, E. E. (2005). Lifetime prevalence and age-of-onset distributions of *DSM–IV* disorders in the National Comorbidity Survey Replication. *Archives of General Psychiatry, 62*, 593–602. http://dx.doi.org/10.1001/archpsyc.62.6.593

Kroenke, K., & Spitzer, R. L. (2002). The PHQ–9: A new depression and diagnostic severity measure. *Psychiatric Annals, 32*, 509–515. http://dx.doi.org/10.3928/0048-5713-20020901-06

Kross, E., & Ayduk, O. (2011). Making meaning out of negative experiences by self-distancing. *Current Directions in Psychological Science, 20*, 187–191. http://dx.doi.org/10.1177/0963721411408883

Kross, E., & Ayduk, O. (2017). Self-distancing: Theory, research and current directions. In J. Olson (Ed.), *Advances in experimental social psychology* (Vol. 55, pp. 81–136). San Diego, CA: Elsevier Academic Press.

Kubany, E. S., Hill, E. E., Owens, J. A., Iannce-Spencer, C., McCaig, M. A., Tremayne, K. J., & Williams, P. L. (2004). Cognitive trauma therapy for battered women with PTSD (CTT-BW). *Journal of Consulting and Clinical Psychology, 72*, 3–18. http://dx.doi.org/10.1037/0022-006X.72.1.3

Lange, A., Rietdijk, D., Hudcovicova, M., van de Ven, J. P., Schrieken, B., & Emmelkamp, P. M. G. (2003). Interapy: A controlled randomized trial of the standardized treatment of posttraumatic stress through the internet. *Journal of Consulting and*

Clinical Psychology, 71, 901–909. http://dx.doi.org/10.1037/0022-006X.71.5.901

Lee, C. W., Taylor, G., & Drummond, P. D. (2006). The active ingredient in EMDR: Is it traditional exposure or dual focus of attention? *Clinical Psychology & Psychotherapy, 13*, 97–107. http://dx.doi.org/10.1002/cpp.479

Lindauer, R. J., Gersons, B. P., van Meijel, E. P., Blom, K., Carlier, I. V., Vrijlandt, I., & Olff, M. (2005). Effects of brief eclectic psychotherapy in patients with posttraumatic stress disorder: Randomized clinical trial. *Journal of Traumatic Stress, 18*, 205–212. http://dx.doi.org/10.1002/jts.20029

Management of Posttraumatic Stress Disorder Work Group. (2017). *VA/DoD clinical practice guideline for the management of post-traumatic stress and acute stress reactions.* Washington, DC: Department of Veterans Affairs and Department of Defense. Retrieved from https://www.healthquality.va.gov/guidelines/MH/ptsd/

Marques, L., Robinaugh, D. J., LeBlanc, N. J., & Hinton, D. (2011). Crosscultural variations in the prevalence and presentation of anxiety disorders. *Expert Review of Neurotherapeutics, 11*, 313–322. http://dx.doi.org/10.1586/ern.10.122

Marx, B. P., Sloan, D. M., Lee, D. J., & Resick, P. A. (2017, November). Moderators of PTSD treatment outcome: Findings from a noninferiority trial. In D. M. Sloan (Chair), *A randomized controlled trial of written exposure therapy for PTSD: Outcomes, moderators, and mediators.* Symposium presented at the 51st annual convention of the Association for Behavioral and Cognitive Therapies, San Diego, CA.

McLean, C. P., Su, Y. J., & Foa, E. B. (2015). Mechanisms of symptom reduction in a combined treatment for comorbid posttraumatic stress disorder and alcohol dependence. *Journal of Consulting and Clinical Psychology, 83*, 655–661. http://dx.doi.org/10.1037/ccp0000024

McLean, C. P., Yeh, R., Rosenfield, D., & Foa, E. B. (2015). Changes in negative cognitions mediate PTSD symptom reductions during client-centered therapy and prolonged exposure for adolescents. *Behaviour Research and Therapy, 68*, 64–69. http://dx.doi.org/10.1016/j.brat.2015.03.008

Nacasch, N., Huppert, J. D., Su, Y. J., Kivity, Y., Dinshtein, Y., Yeh, R., & Foa, E. B. (2015). Are 60-minute prolonged exposure sessions with 20-minute imaginal exposure to traumatic memories sufficient to successfully treat PTSD? A randomized noninferiority clinical trial. *Behavior Therapy, 46*, 328–341. http://dx.doi.org/10.1016/j.beth.2014.12.002

Pagura, J., Stein, M. B., Bolton, J. M., Cox, B. J., Grant, B., & Sareen, J. (2010). Comorbidity of borderline personality disorder and posttraumatic stress disorder in the U.S. population. *Journal of Psychiatric Research, 44*, 1190–1198. http://dx.doi.org/10.1016/j.jpsychires.2010.04.016

Pennebaker, J. W., & Beall, S. K. (1986). Confronting a traumatic event: Toward an understanding of inhibition and disease. *Journal of Abnormal Psychology, 95*, 274–281. http://dx.doi.org/10.1037/0021-843X.95.3.274

Pietrzak, R. H., Goldstein, R. B., Southwick, S. M., & Grant, B. F. (2011). Prevalence and

Axis I comorbidity of full and partial posttraumatic stress disorder in the United States: Results from Wave 2 of the National Epidemiologic Survey on Alcohol and Related Conditions. *Journal of Anxiety Disorders, 25*, 456–465. http://dx.doi.org/10.1016/j.janxdis.2010.11.010

Resick, P. A., Galovski, T. E., Uhlmansiek, M. O., Scher, C. D., Clum, G. A., & Young-Xu, Y. (2008). A randomized clinical trial to dismantle components of cognitive processing therapy for posttraumatic stress disorder in female victims of interpersonal violence. *Journal of Consulting and Clinical Psychology, 76*, 243–258. http://dx.doi.org/10.1037/0022-006X.76.2.243

Resick, P. A., Monson, C. M., & Chard, K. M. (2014). *Cognitive processing therapy: Veteran/military version: Therapist and client materials manual.* Washington, DC: Department of Veterans Affairs.

Resick, P. A., Monson, C. M., & Chard, K. M. (2016). *Cognitive processing therapy for PTSD: A comprehensive manual.* New York, NY: Guilford Press.

Resick, P. A., Nishith, P., Weaver, T. L., Astin, M. C., & Feuer, C. A. (2002). A comparison of cognitive-processing therapy with prolonged exposure and a waiting condition for the treatment of chronic posttraumatic stress disorder in female rape victims. *Journal of Consulting and Clinical Psychology, 70*, 867–879. http://dx.doi.org/10.1037/0022-006X.70.4.867

Roberts, A. L., Gilman, S. E., Breslau, J., Breslau, N., & Koenen, K. C. (2011). Race/ethnic differences in exposure to traumatic events, development of post-traumatic stress disorder, and treatment-seeking for post-traumatic stress disorder in the United States. *Psychological Medicine, 41*, 71–83. http://dx.doi.org/10.1017/S0033291710000401

Schnurr, P. P., & Green, B. L. (Eds.). (2004). *Trauma and health: Physical health consequences of exposure to extreme stress.* Washington, DC: American Psychological Association. http://dx.doi.org/10.1037/10723-000

Seedat, S., Scott, K. M., Angermeyer, M. C., Berglund, P., Bromet, E. J., Brugha, T. S., . . . Kessler, R. C. (2009). Cross-national associations between gender and mental disorders in the World Health Organization World Mental Health Surveys. *Archives of General Psychiatry, 66*, 785–795. http://dx.doi.org/10.1001/archgenpsychiatry.2009.36

Shapiro, F. (1989). Eye movement desensitization: A new treatment for posttraumatic stress disorder. *Journal of Behavior Therapy and Experimental Psychiatry, 20*, 211–217. http://dx.doi.org/10.1016/0005-7916(89)90025-6

Sloan, D. M., & Epstein, E. M. (2005). Respiratory sinus arrhythmia predicts written disclosure outcome. *Psychophysiology, 42*, 611–615. http://dx.doi.org/10.1111/j.1469-8986.2005.347.x

Sloan, D. M., Lee, D., Litwack, S., Sawyer, A. T., & Marx, B. P. (2013). Written exposure therapy for veterans diagnosed with PTSD: A pilot study. *Journal of Traumatic Stress, 26*, 776–779. http://dx.doi.org/10.1002/jts.21858

Sloan, D. M., & Marx, B. P. (2004). A closer examination of the structured written disclosure procedure. *Journal of Consulting and Clinical Psychology, 72*, 165–175. http://dx.doi.org/10.1037/0022-006X.72.2.165

Sloan, D. M., & Marx, B. P. (2017). Commentary on the implementation of Written Exposure Therapy (WET) for veterans diagnosed with PTSD. *Pragmatic Case Studies in Psychotherapy, 13*, 154–164.

Sloan, D. M., Marx, B. P., Bovin, M. J., Feinstein, B. A., & Gallagher, M. W. (2012). Written exposure as an intervention for PTSD: A randomized clinical trial with motor vehicle accident survivors. *Behaviour Research and Therapy, 50*, 627–635. http://dx.doi.org/10.1016/j.brat.2012.07.001

Sloan, D. M., Marx, B. P., & Epstein, E. M. (2005). Further examination of the exposure model underlying the efficacy of written emotional disclosure. *Journal of Consulting and Clinical Psychology, 73*, 549–554. http://dx.doi.org/10.1037/0022-006X.73.3.549

Sloan, D. M., Marx, B. P., Epstein, E. M., & Dobbs, J. L. (2008). Expressive writing buffers against maladaptive rumination. *Emotion, 8*, 302–306. http://dx.doi.org/10.1037/1528-3542.8.2.302

Sloan, D. M., Marx, B. P., Epstein, E. M., & Lexington, J. M. (2007). Does altering the writing instructions influence outcome associated with written disclosure? *Behavior Therapy, 38*, 155–168. http://dx.doi.org/10.1016/j.beth.2006.06.005

Sloan, D. M., Marx, B. P., & Greenberg, E. M. (2011). A test of written emotional disclosure as an intervention for posttraumatic stress disorder. *Behaviour Research and Therapy, 49*, 299–304. http://dx.doi.org/10.1016/j.brat.2011.02.001

Sloan, D. M., Marx, P. B., & Lee, D. J. (2018). Written exposure therapy vs. cognitive processing therapy—Reply. *JAMA Psychiatry, 75*, 758–759. http://dx.doi.org/10.1001/jamapsychiatry.2018.0813

Sloan, D. M., Marx, B. P., Lee, D. J., & Resick, P. A. (2018). A brief exposure-based treatment vs. cognitive processing therapy for posttraumatic stress disorder: A randomized noninferiority clinical trial. *JAMA Psychiatry, 75*, 233–239. http://dx.doi.org/10.1001/jamapsychiatry.2017.4249

Sloan, D. M., Marx, B. P., & Resick, P. A. (2016). Brief treatment for PTSD: A noninferiority trial. *Contemporary Clinical Trials, 48*, 76–82. http://dx.doi.org/10.1016/j.cct.2016.04.003

Smyth, J. M., & Pennebaker, J. W. (2016). *Opening up by writing it down: How expressive writing improves health and eases emotional pain* (3rd ed.). New York, NY: Guilford Press.

Spitzer, R. L., Williams, J. B., Gibbon, M., & First, M. B. (1994). *Structured clinical interview for* DSM–IV*—Client edition*. New York: New York State Psychiatric Institute, Biometrics Research Department.

Spottswood, M., Davydow, D. S., & Huang, H. (2017). The prevalence of posttraumatic stress disorder in primary care: A systematic review. *Harvard Review of Psychiatry,*

25, 159–169. http://dx.doi.org/10.1097/HRP.0000000000000136

Steenkamp, M. M., Litz, B. T., Hoge, C. W., & Marmar, C. R. (2015). Psychotherapy for military-related PTSD: A review of randomized clinical trials. *JAMA*, *314*, 489–500. http://dx.doi.org/10.1001/jama.2015.8370

Stein, D. J., Koenen, K. C., Friedman, M. J., Hill, E., McLaughlin, K. A. Petukhova, M., . . . Kessler, R. C. (2013). Dissociation in posttraumatic stress disorder: Evidence from the world mental health surveys. *Biological Psychiatry*, *73*, 302–312. http://dx.doi.org/10.1016/j.biopsych.2012.08.022

Stenmark, H., Catani, C., Neuner, F., Elbert, T., & Holen, A. (2013). Treating PTSD in refugees and asylum seekers within the general health care system. A randomized controlled multicenter study. *Behaviour Research and Therapy*, *51*, 641–647. http://dx.doi.org/10.1016/j.brat.2013.07.002

Tanielian, T., & Jaycox, L. H. (2008). *Invisible wounds of war: Psychological and cognitive injuries, their consequences, and services to assist recovery*. Santa Monica, CA: RAND Corporation.

Thompson-Hollands, J., Marx, B. P., Lee, D. J., Resick, P. A., & Sloan, D. M. (2018). Long-term treatment gains of a brief exposure-based treatment for PTSD. *Depression and Anxiety*, *35*, 985–991. http://dx.doi.org/10.1002/da.22825

van Minnen, A., & Foa, E. B. (2006). The effect of imaginal exposure length on outcome of treatment for PTSD. *Journal of Traumatic Stress*, *19*, 427–438. van Minnen, A., Harned, M. S., Zoellner, L., & Mills, K. (2012). Examining potential contraindications for prolonged exposure therapy for PTSD. *European Journal of Psychotraumatology*, *3*, 18805. http://dx.doi.org/10.3402/ejpt.v3i0.18805

van Minnen, A., Zoellner, L. A., Harned, M. S., & Mills, K. (2015). Changes in comorbid conditions after prolonged exposure for PTSD: A literature review. *Current Psychiatry Reports*, *17*, 17. http://dx.doi.org/10.1007/s11920-015-0549-1

Watson, J. P., & Marks, I. M. (1971). Relevant and irrelevant fear in flooding: A crossover study of phobic clients. *Behavior Therapy*, *2*, 275–293. http://dx.doi.org/10.1016/S0005-7894(71)80062-X

Watts, B. V., Shiner, B., Zubkoff, L., Carpenter-Song, E., Ronconi, J. M., & Coldwell, C. M. (2014). Implementation of evidence-based psychotherapies for posttraumatic stress disorder in VA specialty clinics. *Psychiatric Services*, *65*, 648–653. http://dx.doi.org/10.1176/appi.ps.201300176

Weathers, F. W., Blake, D. D., Schnurr, P. P., Kaloupek, D. G., Marx, B. P., & Keane, T. M. (2013a). *The Clinician Administered PTSD Scale for* DSM–5 *(CAPS-5)*. Instrument available from the National Center for PTSD at http://www.ptsd.va.gov

Weathers, F. W., Blake, D. D., Schnurr, P. P., Kaloupek, D. G., Marx, B. P., & Keane, T. M. (2013b). *The Life Events Checklist for* DSM–5 *(LEC-5)*. Instrument available from the National Center for PTSD at http://www.ptsd.va.gov

Weathers, F. W., Bovin, M. J., Lee, D. J., Sloan, D. M., Schnurr, P. P., Kaloupek, D. G., . . . Marx, B. P. (2018). The Clinician-Administered PTSD Scale for *DSM–5* (CAPS-5):

Development and initial psychometric evaluation in military veterans. *Psychological Assessment, 30*, 383–395. http://dx.doi.org/10.1037/pas0000486

Weathers, F. W., Keane, T. M., & Davidson, J. T. (2001). Clinician-administered PTSD Scale: A review of the first ten years. *Depression and Anxiety, 13*, 132–156.

Weathers, F. W., Litz, B. T., Herman, D. S., Huska, J. A., & Keane, T. M. (1993, October). *The PTSD checklist (PCL): Reliability, validity, and diagnostic utility*. Poster presented at the 9th annual meeting of the International Society for Traumatic Stress Studies, San Antonio, TX.

Weathers, F. W., Litz, B. T., Keane, T. M., Palmieri, P. A., Marx, B. P., & Schnurr, P. P. (2013). *The PTSD Checklist for* DSM–5 *(PCL-5)*. Retrieved from the National Center for PTSD at http://www.ptsd.va.gov

Wisco, B. E., Baker, A. S., & Sloan, D. M. (2016). Mechanisms of change in written exposure treatment of posttraumatic stress disorder. *Behavior Therapy, 47*, 66–74. http://dx.doi.org/10.1016/j.beth.2015.09.005

Wisco, B. E., Marx, B. P., Wolf, E. J., Miller, M. W., Southwick, S. M., & Pietrzak, R. H. (2014). Posttraumatic stress disorder in the US veteran population: Results from the National Health and Resilience in Veterans Study. *The Journal of Clinical Psychiatry, 75*, 1338–1346. http://dx.doi.org/10.4088/JCP.14m09328

Wolf, E. J., & Schnurr, P. P. (2016). Posttraumatic stress disorder-related cardiovascular disease and accelerated cellular aging. *Psychiatric Annals, 46*, 527–532. https://dx.doi.org/10.3928/00485713-20160729-01

Wolpe, J. (1958). *Psychotherapy by reciprocal inhibition*. Stanford, CA: Stanford University Press.

World Health Organization. (2018). *ICD–11 for mortality and morbidity statistics*. Retrieved from https://icd.who.int/browse11/l-m/en

Zalta, A. K., Gillihan, S. J., Fisher, A. J., Mintz, J., McLean, C. P., Yehuda, R., & Foa, E. B. (2014). Change in negative cognitions associated with PTSD predicts symptom reduction in prolonged exposure. *Journal of Consulting and Clinical Psychology, 82*, 171–175. http://dx.doi.org/10.1037/a0034735

저자 소개

데니스 M. 슬로안

데니스 M. 슬로안 박사는 VA 보스턴 헬스케어 시스템의 국립 PTSD 센터의 행동 과학 부서의 부소장이자 보스턴 의과 대학의 정신의학 교수이다. 그녀는 스토니 브룩에 있는 뉴욕 주립 대학에서 심리학을 우등으로 졸업했고, 케이스 웨스턴 리저브 대학에서 임상심리학 박사 학위를 받았다.

슬로안 박사는 미국심리학협회와 인지행동치료협회의 일원이자, 트라우마 및 스트레스 관련 장애에 대한 심리사회적 개입 전문가로, 외상후 스트레스장애에 대한 효율적인 치료 접근법에 특별한 관심을 가지고 있다. 스로안 박사는 100개 이상의 논문을 발표했으며, 2017년 임상심리학 분야의 뛰어난 교육자에게 수여하는 Toy Caldwell-Colbert Award, 2015년 International Society of Traumatic Stress Studies: Distinguished Mentor Award를 수상했다. 그녀는 현재 「Behavior therapy」 저널을 포함하여 여러 과학 분야 저널의 컨설팅 편집자로 일하고 있다.

브라이언 P. 마르크스

브라이언 P. 마르크스 박사는 VA 보스턴 헬스케어 시스템의 국립 PTSD 센터의 행동 과학 부서의 부소장이자 보스턴 의과 대학의 정신의학 교수이다. 마르크스 박사는 1989년에 보스턴 대학에서 심리학을 우등으로 졸업했고, 미시시피 대학에서 임상심리학 박사 학위를 받았다.

마르크스 박사는 미국심리학협회의 일원이자 행동 치료, 외상후 스트레스장애 평가, 그리고 트라우마의 영향에 대한 전문가이다. 그의 연구 관심사는 PTSD

에 대한 평가와 치료, 트라우마 후 겪는 어려움에 대한 위험 요인 파악, 참전 용사들의 자살 위험 감지 및 예방 등이다. 마르크스 박사는 170개 이상의 논문을 발표했으며, 여러 저널의 편집 위원회에서 활동하고 있다. 그는 현재 세 번째 판으로 나온 『Making Cognitive-Behavioral Therapy Work』를 공동 저술했다.

역자 소개

윤지애

정신건강의학과 전문의로 을지 대학교 의과 대학에 재직 중이다. 주로 외상후 스트레스장애를 위한 트라우마 초점치료 및 한국 의료 시스템에서 실질적으로 사용할 수 있는 근거기반치료에 관심을 가지고 있다. 한국트라우마스트레스학회, 한국중독정신의학회, 대한명상의학회, 맥락행동과학연구회에서 활동하고 있다.

최경숙

정신건강의학과 전문의와 예방의학과 및 직업환경의학과 전문의로 을지 대학교 의과 대학에 재직 중이다. 직업으로 인한 정신장애 특히 외상후 스트레스장애에 대해 연구를 하면서 불안장애 및 트라우마 및 스트레스 관련 장애에 대한 치료와 예방에 관심을 가져왔다. 대한신경정신의학회, 불안의학회, 한국트라우마스트레스학회 등에서 활동하고 있다.

외상후 스트레스장애의 쓰기노출치료

초판 1쇄 발행 2022년 12월 30일
초판 2쇄 발행 2024년 9월 11일

지은이 | 데니스 M. 슬로안, 브라이언 P. 마르크스
옮긴이 | 윤지애, 최경숙
펴낸이 | 소정영

펴낸곳 | 도서출판 하나의학사
출판신고 | 1988년 4월 1일 제2022-000082호

주소 | 서울특별시 송파구 동남로 159, 302호(한흥빌딩)
전화 | 02-730-2555, 2556 **팩스** | 02-730-2557
이메일 | hanampc1@naver.com
홈페이지 | www.hanampc.co.kr

ISBN 979-11-91658-22-4 93180

· 이 책은 저작권법에 따라 보호를 받는 저작물이므로 무단 전재와 무단 복제를 금합니다.
· 책값은 뒤표지에 있습니다.
· 잘못된 책은 구입하신 곳에서 바꾸어 드립니다.